Autor:innen haben meist Brotjobs, sprechen aber selten darüber. Selbst sie gehen oft davon aus, dass bei preisgekrönten Kolleg:innen das literarische Schaffen die tragende Einnahmequelle ist. Wie unter teils prekären Bedingungen Literatur geschrieben wird, wie sich die Arbeitssituation auf Autor:innen und ihre Werke auswirkt, welche Wechselwirkungen von Brotberufen und literarischem Arbeiten es geben kann – davon erzählen hier die Texte von Philipp Böhm, Crauss., Dominik Dombrowski, Özlem Özgül Dündar, Dinçer Güçyeter, Johanna Hansen, Adrian Kasnitz, Ulrich Koch, Thorsten Krämer, Stan Lafleur, Isabelle Lehn, Swantje Lichtenstein, Sabine Schiffner, Sabine Scho, Michael Schweßinger, Daniela Seel, Janna Steenfatt, Karosh Taha und Juliane Ziese.

BROTJOBS & LITERATUR

Herausgegeben von Iuditha Balint,
Julia Dathe, Kathrin Schadt
und Christoph Wenzel

VERBRECHER VERLAG

Eine Projektpublikation des Fritz-Hüser-Instituts.
Gefördert vom Ministerium für Kultur und Wissenschaft des Landes Nordrhein-Westfalen.
Mit Unterstützung der Sparkasse Dortmund.

Ministerium für
Kultur und Wissenschaft
des Landes Nordrhein-Westfalen

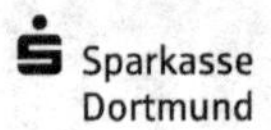

Erste Auflage
Verbrecher Verlag, Berlin 2021
www.verbrecherei.de

Satz: Christian Walter
Druck: CPI Clausen & Bosse, Leck

ISBN 978-3-95732-498-6

Printed in Germany

Der Verlag dankt Antonia Lesch und Luisa Stühlmeyer.

INHALT

Iuditha Balint, Julia Dathe, Kathrin Schadt
und Christoph Wenzel

VORWORT

Autor:innen haben meist Brotjobs. Das ist so und wird kaum thematisiert, nicht von den Literaturschaffenden oder vom sie umgebenden Betrieb, nicht von den Leser:innen. Letztere wissen oftmals nicht, dass die Schriftsteller:innen, denen sie bei Lesungen zuhören, deren Bücher sie in den Händen halten, auch noch einer anderen Erwerbsarbeit nachgehen, um eine tragende Einnahmequelle zu haben. Selbst Autor:innen gehen oftmals davon aus, dass ihre etablierten Kolleg:innen vom preisgekrönten Schreiben leben können. Diese Preise tragen teils große Namen; die Arbeitsumstände bleiben oft schwierig. Vom literarischen Schreiben allein lebt fast niemand.

Aushilfe in Warenlagern, Restaurants und Sekretariaten, Schichtdienst im Callcenter oder Briefzentrum, Honorarkraft in einer Werbeagentur, Angestellte im öffentlichen Dienst – Brotjobs gibt es im Übermaß. Doch dieser voyeuristische Blick, der möglichst ungewöhnliche oder ungewöhnlich viele Jobs in Autor:innenlebensläufen zu entdecken sucht, generiert exotistische Folklore, während es Schriftsteller:innen doch um zuverlässige, regelmäßige Einkünfte geht, um die Miete zu zahlen, um sich und ggf. die Familie ernähren zu können. Denn vom symbolischen Kapital der Kultur lassen sich weder Lebensmittel kaufen noch Wochenendausflüge finanzieren. In sehr vielen Fällen bedarf es also dieser (Haupt-)Einnahmen, dieser nicht immer als Berufung empfundenen Tätigkeiten, um Leben und literarisches Schreiben zu ermöglichen. Tätigkeiten, denen man nicht immer eine produktive, liebsame Seite abgewinnen kann.

In Autor:innenkreisen erwähnt man hier und da, dass man vom literarischen Schreiben nicht leben kann, über Andeutungen geht es jedoch meist nicht hinaus; die für die Selbstermächtigung als imaginäres Kollektiv oder als individuelles Subjekt der Arbeit so wichtige Frage nach Einnahmequellen bleibt unausgesprochen. Hängt das damit zusammen, dass die Frage nach der eigenen Person so eng mit der Frage nach der Arbeit, genauer: nach entlohnter Tätigkeit zusammenhängt? Und eigentlich sieht man sich als Schriftsteller:in? – Liest man die vorliegenden Beiträge, wird klar: Die Arbeit, mit der Autor:innen ihr Brot verdienen, wovon sie leben, ist nicht zwingend diejenige, mit der sie sich identifizieren.

Wenn Marx in seinen *Ökonomisch-philosophischen Manuskripten* Arbeit als fundamentales anthropologisches Prinzip der »Selbsterzeugung des Menschen« hervorhebt, macht er deutlich, dass ›die Arbeit‹, was immer das sein soll, punktuelle Selbstverwirklichungs- und Sinngebungsmomente personaler Identität vereinigt und damit als Garant von Kontinuität im Lebensprozess dient. Dieses sinnstiftende Identitätsmoment der Arbeit mit den nicht selten prekären Lebensbedingungen von Schriftsteller:innen zusammenzudenken, konturiert die vorliegende Anthologie und macht die Brisanz der Frage nach Brotjobs bzw. Einnahmequellen verständlich.

Dass schriftstellerisches Arbeiten seit jeher finanziell riskant ist, wenn nicht ein:e Mäzen:in dahintersteht oder ein Erbe zu Buche schlägt, ist hinlänglich bekannt: Heine, Grabbe, Büchner, Lasker-Schüler, Seghers, Keun und viele andere mehr mussten immer wieder auf ihre »sehr armselige Lage« (Trakl) aufmerksam machen. Birgit

Vanderbeke hat diese *Bettel- und Brandbriefe berühmter Schriftsteller* (überarb. und erw. Neuausg. 2006) gesammelt und kommentiert. Es sind Hilfeersuche, von denen sich die Autor:innen »das Geschenk einer größeren Freiheit« für ihr literarisches Schreiben versprachen. Der Mythos, dass ein existenzieller Mangel, eine gewisse Not bessere Texte zu produzieren helfe, war schon damals gefährlich falsch.

Was über Jahrhunderte strukturell wuchs, wurde während der Coronapandemie noch stärker deutlich. Ein Posting des Autors und Verlegers Dinçer Güçyeter am 13. Oktober 2020 auf Facebook: Zu einem Foto von sich selbst auf einem Gabelstapler schrieb er über seine Nebentätigkeit in einer Speditionsfirma, mit der er Verlag und Familie über Wasser hält. Der Dichter im Blaumann. Er schämt sich nicht für seinen Brotjob, er ist der Firma dankbar, die ihm das ermöglicht, was er trotz aller Sorgen mit fröhlich-energischer Überzeugung macht: Gedichte schreiben und Lyrik verlegen.

Über 300 Likes und einen kaum enden wollenden Gesprächsfaden später finden die Herausgeber:innen dieses Bandes zueinander, die Autor:innen Julia Dathe, Kathrin Schadt und Christoph Wenzel und die Literaturwissenschaftlerin Iuditha Balint vom Fritz-Hüser-Institut für Literatur und Kultur der Arbeitswelt. In ihren Kommentaren zu Güçyeters Posting geht es um die Fragen, mit welcherlei Arbeit Schriftsteller:innen ihr Einkommen erwirtschaften bzw. ergänzen müssen, ob diese Arbeit literaturfern ist oder nicht. Allen ist bewusst, dass man darüber reden und schreiben, dass man die Verhältnisse sichtbar machen muss.

Unter welchen Bedingungen wird Literatur geschrieben? Was sind die Auswirkungen auf die Autor:innen, ihre Arbeits- und Alltagsstrukturen, ihre Werke? Wie hängen der existenzsichernde Broterwerb und das literarische Schreiben zusammen, wie bedingen sie einander, wie wirken sie sich aufeinander aus? Wie ordnen die

Autor:innen selbst ihre (teils künstlerischen) Brotjobs ein? Sind sie lästige Notwendigkeit, ein pragmatisches, ggf. strukturierendes Mit- und Nebeneinander oder gar geeignete Quelle fürs Schreiben? Wie lassen sich literarische Arbeit und Sorgearbeit, Dienstleistungen und wissenschaftliche Tätigkeiten im alltäglichen Zusammenhang denken? Welche Praktiken, Kompromisse und Konflikte bilden sich aus? Welche Logistiken, Energien und mittragende Anteilnahme der Familien, Verwandtschaft und Freund:innen erfordert es, bisweilen mehreren, teils auch wechselnden (Erwerbs-)Tätigkeiten nachgehen zu müssen? Wie muss, wie darf eine Lohnarbeit beschaffen sein, um dem Denken und Schreiben Platz zu lassen, um eine gewisse Flexibilität für Lesungen, Recherchen, Stipendienaufenthalte zu gewährleisten? Und warum wird so wenig darüber gesprochen, über die Brotjobs, die strukturellen Probleme, die materiellen Bedingungen der literarischen Produktion und das mit ihnen einhergehende Zerren um Zeit, Konzentration und Aufmerksamkeit?

Die Paradoxien des Betriebs liegen auf der Hand: Der Gesamtumsatz des Buchhandels betrug im Jahr 2020 rund 9,3 Milliarden Euro. Gegenüber dem Vorjahr war das – trotz Pandemie – eine Steigerung um 0,1 Prozent, wobei die Kinder- und Jugendliteratur die stärksten Verkaufszahlen aufweisen konnte. Dennoch können die Autor:innen ihre finanzielle Existenz höchst selten allein mit dem literarischen Schreiben sichern. Sie stehen in der Wertschöpfungskette an nachgeordneter Position. Heinrich Böll konstatierte 1969 in seiner programmatischen Rede vom *Ende der Bescheidenheit* anlässlich der Gründung des Verbands deutscher Schriftsteller sehr nüchtern, die Autor:innen seien letztlich »sehr feine Idioten«. Das Problem ist seit langem bekannt und die Frage, ob etablierte Autor:innen, Mitglieder des Deutschen PEN oder Debütant:innen betroffen sind, spielt lediglich eine periphere Rolle.

Diese prekären Arbeitsbedingungen – die viele als Selbstausbeutung beschreiben – sind, wie die hier versammelten Essays zeigen, zwar immer individuell, müssen allerdings als strukturelles Problem erkannt und behandelt werden, denn sie prägen den Literaturbetrieb als solchen. Radikal formuliert: Brotjobs halten den Literaturbetrieb am Laufen. Die Aufforderung, mit der wir Herausgeber:innen an die Beiträger:innen herangetreten sind, war daher, ihr schriftstellerisches Arbeitsleben anhand ihrer sogenannten Brotjobs und vice versa zu reflektieren. Unser Ziel ist dabei ein vierfaches:

1. Die Präsentation vielfältiger Stimmen und eines breiten Spektrums von Arbeitsverhältnissen, in denen Autor:innen leben und – in Ergänzung oder Konkurrenz zum schriftstellerischen Schaffen – das ›eigentliche‹ Geld verdienen.
2. Die Enttabuisierung dieser Produktionsbedingungen, also auf die nicht selten prekäre Lage der Literaturschaffenden aufmerksam zu machen, die unter teils strapaziösen, das Leben fragmentierenden Bedingungen die Vielfalt der literarischen Veranstaltungen und Veröffentlichungen überhaupt erst ermöglichen.
3. Dem öffentlich immer noch idealisierten Bild von Schriftsteller:innen entgegenzuwirken, das ausschließlich das Ergebnis der schriftstellerischen Arbeit, das fertige Buch, und die anschließende mediale Präsenz wahrnimmt.
4. Die Thematisierung der zumeist schambesetzten finanziellen Verhältnisse im Literaturbetrieb, und das mit je eigenen Mitteln in je eigener Sprache.

Die Arbeits- und Lebenssituation von Autor:innen war bereits vor der Pandemie prekär. Diese hat allerdings die Lage verschlimmert und dadurch sichtbarer gemacht. Während andere weiterhin in die Betriebe und Fabriken fahren mussten, wurden Autor:innen reihenweise ihre Termine abgesagt, die Honorare entfielen, geplante Veröffentlichungen wurden verschoben. Ihr einziger Wettbewerbsvorteil, oft eingespannt zwischen Homeschooling und Sorgearbeit, war – zynisch formuliert – das längst vertraute Prinzip Heimarbeit.

Die pathetische Figuration der Schriftstellerei als resolut praktizierte Freiheit in Nischen – »Morgens zur Kanzlei mit Akten, Abends auf den Helikon« (August Graf von Platen) – ist über zweihundert Jahre alt, die öffentliche Wahrnehmung dieses Berufs lebt immer noch von dieser Darstellung. Die Geschichte vom zwischen »Bureau«-Monotonie und schriftstellerischer »Nachtarbeit« manövrierenden Versicherungsangestellten aus Prag ist ebenso bekannt wie beliebt.

Ein weiterer Schauplatz, der dem literarisch interessierten Publikum meist verborgen bleibt: die reisenden Schriftsteller:innen. Mögen die Verkaufszahlen auch erfreulich sein, die eigentlichen Einnahmequellen bleiben Lesungen, Gesprächsrunden, Podiumsdiskussionen. Wochenlanges Reisen zu Buchhandlungen und Literaturhäusern, immer dieselben Fragen beantwortend – die wenigsten Autor:innen können unter diesen Bedingungen konzentriert arbeiten. Dass die Honorare für Lesungen seit zwei Jahrzehnten nicht gestiegen, tendenziell sogar gesunken sind, ist somit in zweifacher Hinsicht problematisch. Denn die spürbare Lücke im schriftstellerischen Arbeitszusammenhang, die eine Veranstaltung zwangsläufig mit sich bringt, wird bei der Lohnfrage zumeist kaum berücksichtigt. Konkret: Wem für eine anderthalbstündige Lesung inkl. Gespräch 300 oder 350, im Idealfall 400 Euro angeboten werden, wird damit auch für eine knapp zweitägige Abwesenheit, das Wegorganisieren sonstiger Pflichten, Fristen und Pflegearbeiten, das Warten auf den Zug oder den angekündigten Tontechniker, die Durchsicht von Ankündigungstexten etc. bezahlt. Die permanente Erreichbarkeit »von unterwegs« ermöglicht zwar die Verknüpfung vieler Tätigkeiten, so auch der kuratorischen Zusatzpflichten, doch verschärft sie zugleich das Problem: Schriftsteller:innen reisen als Agenturen ihrer selbst umher und beantworten nachts im Hotel – zuvor den Buchhändler angesichts mauer Besucherzahl getröstet – noch E-Mails zu anstehenden Projekten, während Erfurt und Osnabrück längst schlafen.

Dessen ungeachtet steckt der Traum vom Leben als Schriftsteller:in weiterhin in nicht wenigen Köpfen; laut einer Umfrage des Berufsnetzwerks Xing haben ihn fünf Prozent der Befragten als Wunsch angegeben. Doch die idealisierten Vorstellungen von der Schriftstellerei – intensive Kreativität mit Zeitwohlstand – beinhalten Dachstubenromantik und sorgenfreie Aufenthalte in der Ferne. In diesen Visionen fehlt ein Bewusstsein dafür, dass wer vom Schreiben leben will, auch und nicht zuletzt mit dem Schreiben von Bewerbungen und Förderanträgen, dem Verfassen von Exposés, dem Formulieren von Rechnungen und literarischen Konzepten beschäftigt ist. Projekte akquirieren, Lesungen organisieren, die Netzwerke bedienen etc.

Zählte man die zahlreichen Unvereinbarkeiten im Arbeits- und Alltagsleben der Autor:innen auf, so gäbe es eine Konstante: das »und«. Dieses »und« ist ein starkes, realitätsbewusstes, nicht zwingend ein koordinierendes. Es ist vielmehr eines, das die Frage aufwirft: Sind im Literaturbetrieb Schreibarbeit und Familie, Alltag und Arbeit gleichwertig? Falls ja: Wieso müssen schreibende Mütter erst ein Kollektiv gründen, um sich über die Hürden der Care-Arbeit und ihrer (Un-)Vereinbarkeit mit der Schriftstellerei austauschen zu können? Wir schreiben das Jahr 2021 und es ist immer noch notwendig, dass schreibende Frauen, schreibende Mütter ihre Stimme erheben (www.care-rage.de), um Aufmerksamkeit zu erzeugen, um gesellschaftspolitisch wie auch in der literarischen Förderlandschaft Veränderungen anzustoßen. Bereits seit Februar 2020 veröffentlicht das Projekt »Other Writers Need to Concentrate« – initiiert als Reaktion auf die Probleme bei Aufenthaltsstipendien bezüglich der Mitnahme von Kindern – Texte zur Verbindung von Autor:innen- und Elternschaft, um deren Arbeitsbedingungen zu dokumentieren und ein Bewusstsein für die Bedürfnisse schreibender Mütter und Väter zu schaffen (www.other-writers.de). Der Mythos genialischer Einsamkeit gehört abgeräumt, Fürsorge und literarisches Schreiben dürfen nicht länger unvereinbar sein.

Sind Brotjobs und Literatur wirklich gleichwertig? Ist dieses »und« nicht vielmehr eines, das Werte misst und Wert beimisst, Wert verleiht und Wert entzieht? Ist dieses »und« nicht eigentlich ein »&«? Im Titel dieser Anthologie ersetzt das »&« nicht das »und« des schriftlichen Sprachgebrauchs, es ist auch nicht als zeichensparendes Element eingesetzt. Es ist das bewusst gewählte kaufmännische »&«, das dem Geschäft (mit) der Literatur innewohnt: Herstellung, Vertrieb, Schreiben, Verkaufen, Kaufen, Sich-Verkaufen, Verausgaben, Sich-Verausgaben usw.

Natürlich entstand dieser Band nicht im luftleeren Raum. Die Diskussionen über die prekären Bedingungen schriftstellerischen Arbeitens haben in den letzten Jahren zugenommen. In den Feuilletons der großen Tageszeitungen erscheinen inzwischen regelmäßig Artikel zur Lage der Kultur- und Literaturschaffenden; die Autorin Juliana Kálnay veröffentlichte auf www.54books.de ihren sehr lesenswerten Essay *Leben, um zu schreiben – schreiben, um (davon) zu leben?* (2020); der von Maria Barankow und Christian Baron bei Ullstein herausgegebene Essayband *Klasse und Kampf* (2021) versammelt die Erfahrungen von vierzehn Autor:innen und beleuchtet materielle Implikationen des Themas, Fokus: Herkunft, Scham und strukturelle Diskriminierung; in den online verfügbaren *Corona-Tagebüchern* des Literaturhauses Graz (2020/21) scheinen Geldnot und andere prekäre Arbeits- und Lebensbedingungen von Schriftsteller:innen immer wieder durch; unübersehbar, unüberhörbar sind die Stimmen in den sozialen Netzwerken. Das ist gut und trägt hoffentlich zu strukturellen Veränderungen bei.

In dieser Anthologie versammeln wir Stimmen, Texte, verschiedene Poetiken schriftstellerischer Arbeit. Die ökonomischen Rahmenbedingungen und Arbeitsumstände der Autor:innen stehen in multiplen Wechselwirkungen zum literarischen Schaffen. Die Frage nach dem Selbstverständnis als Schriftsteller:in bleibt davon nicht unberührt. Zudem: Nicht wenige Autor:innen sind innerhalb des literarischen Wirkungsfelds in Mehrfachfunktionen aktiv: als Herausgeber:innen, Übersetzer:innen, Literaturvermittler:innen, als Lehrende in literarischen Institutionen etc. Brotjobs meint nicht nur Fabrik und Friedhofsgärtnerei, gemeint sind all die Zu- und Nebenarbeiten, die das literarische Schreiben, also das zumeist nicht unmittelbar honorierte Arbeiten ermöglichen, ihm Raum und Zeit geben. Denn Geld bedeutet Zeit: Geld ist Zeit zum Schreiben. Die Umkehrung des Satzes, keineswegs trivial, hat weitreichende Konsequenzen. Für die eigene Schreibarbeit braucht es die hier ausdrücklich nicht abwertend verstandenen Brotberufe als Angestellte, Jobber:innen oder Freischaffende. Mit ihnen werden die Haupteinnahmen fürs Leben und Überleben bestritten. Die Alternative: Hartz IV.

Es bleibt die Frage: Wenn das literarische Schreiben nur Nebeneinkünfte erzeugt, ist es dann etwa selbst ein Nebenjob, eine Liebhaberei, ein Hobby mit geringer oder keiner Entlohnung? Die Antwort vorab und unmissverständlich: Nein.

Arnold Maxwill danken wir ganz herzlich für die Redaktion und das Lektorat dieses Bandes; viele seiner Ideen und Ergänzungen sind ins Vorwort eingeflossen.

Dortmund, Leipzig, Barcelona/Berlin, Aachen im Juli 2021

Es wird der Kampf werden, den ich für ein Jahr ausfechte: mich in den freien Stunden von den Stunden der Arbeit abzugrenzen. Die Grenze zwischen den Zeitabschnitten muss jeden Tag neu gezogen werden, weil meine Firma sie jeden Tag aufs Neue einreißen möchte.

Philipp Böhm

DAS JAHR MIT DEN YACHTEN

Das Schlimmste ist die Scham: »Pun-loving Philipp is our German Content Superstar. He is as passionate about Travel as he is about Content (and wearing grey Shirts).« Das steht unter meinem Bild auf der Team-Seite des Unternehmens und alles, was ich zu meiner Verteidigung vorbringen kann, ist, dass ich auf dem Bild nicht lache. Doch nicht einmal in meinen schwächsten Momenten bilde ich mir ein, es würde sich dabei um eine Form von Verweigerung handeln. Alles wird integriert. Es dauert keine drei Wochen und ich bin die Bürovariante von »Grumpy Cat«, meine schlechte Laune wird zum Witz deklariert.

Scham entsteht aus Ohnmacht. In diesem Fall: das Bewusstsein, an diesem Ort, in diesem Büro, in dem unsere »Monthly Targets« auf einem Bildschirm an der Wand zu sehen sind, in dessen Mitte ein Gong hängt, den jemand aus dem Sales-Team schlägt, wenn ein besonders hoher Sale gelungen ist, unterlegen zu sein. Wer hier arbeitet, spielt mit und jede kleine Verweigerung wird nicht einmal zur Kenntnis genommen. Meine Chefin findet Marx spannend und verspricht, sich das einmal anzuschauen – wenn sie die Zeit dazu findet.

Den Job habe ich angenommen, weil die Stunden okay waren, weil ich Geld brauchte, um meinen ersten Roman zu schreiben und weil ich es für eine gute Idee hielt, meine Lohnarbeit möglichst weit entfernt von meiner Schreibarbeit anzusiedeln. Keine Arbeit als freier

Lektor, keine Übersetzungen, keine Jobs für ein Literaturhaus. Eine klare Trennung und ein Kopf, der nach Feierabend frei ist.

Bei meinem ersten Vorstellungsgespräch fragt mich unser Head of Human Resources: »When do you get aggressive?«

Ja, wann werde ich aggressiv?

Das Schlimmste sind die Texte: Das Unternehmen, für das ich arbeitete, war eine Online-Plattform, die sich trotz vorgeblicher »revolutionärer Technologie« nicht von anderen unterschied. Sie versammelte eine unübersehbare Menge an Angeboten für vornehmlich reiche Österreicher:innen, die jedes Jahr einen Yachturlaub buchen. Eine Plattform muss mit Inhalten gefüllt werden. Und da kam ich ins Spiel: als eifriger Produzent von Textmüll. Suchmaschinenoptimierte Schnipsel, informative Seiten, die User:innen geschickt auf das Angebot führen sollten, endlose Beschreibungen von Interieurs, endlose Beschreibungen kroatischer Küstenlinien, die ich noch nie gesehen hatte.

Die Strände sind immer weiß. Das Wasser ist immer kristallklar. Die Küstenlinien sind immer atemberaubend oder malerisch. Buchten sind immer versteckt. Yachten sind immer geräumig, immer sportlich. Ein kleines Abenteuer, ganz nah der Natur. Woher hätte ich auch wissen sollen, wie sich ein solcher Urlaub tatsächlich anfühlt?

Ich habe gelogen. Ich dachte mir einfach alles aus. Ich hatte keine Ahnung von Yachten, keine Ahnung vom Segeln, keine Ahnung von den langen Listen an Reisezielen, aber ich schrieb einen Artikel über die schönsten Strände von Kuba, obwohl ich nie dort war. Lange Zeit war das der Top-Ranking-Link für das Keyword »Kuba schönste Strände«. Ich erinnere mich an die Sitzung, auf der ich diesen Erfolg präsentieren musste. Ich erinnere mich an ein jubelndes Team und den Gedanken, dass sie mich so kriegen würden.

Das Schlimmste ist die Integration: Ich rede mir ein, der Job sei gut für mich, weil ich so abends den Kopf frei habe, um an meinen eigenen Texten zu arbeiten. Es erschien mir damals als das perfekte Gegenstück und die Perspektive, die Hälfte meines Tages in einer Art von innerer intellektueller Zurückgezogenheit zu verbringen, als beinahe reizvoll.

Die eigenen Gedanken, die eigenen Ideen abzuschirmen vor dem Zugriff des Kapitals – all das irgendwo zu vergraben, weil es mir selbst gehört, mir selbst und meinen Texten. Hätte ich damals gewusst, wie schwer das werden würde, ich hätte wahrscheinlich den Job nie angenommen. Denn es ist das Schwerste, sich diesem Zugriff zu entziehen.

Im Verlauf meiner Erwerbsbiographie hatte ich verschiedene Chefs: Ich hatte tyrannische Chefs, die Freude daran empfinden mussten, ihre Untergebenen anzuschreien und zu demütigen. Ich hatte verbitterte Chefs, denen längst alles egal war. Aber nichts hatte mich auf diese Form der sanften Herrschaft vorbereitet, auf ihre Effizienz und Mikrostruktur der Kontrollen. Denn es geschieht etwas mit dir in diesen Strukturen, in denen du immer wieder aufs Neue geprüft, überwacht, aber gleichzeitig ermutigt und gefeiert wirst. Plötzlich stehe ich eine halbe Stunde später von meinem Platz auf, dann eine Stunde. Die Aufgaben des Tages bleiben länger in meinen Gedanken, ich brauche lange Spaziergänge, um sie wieder zu vergessen. Ich werde integriert – und das ist keine schöne Erkenntnis.

Immerhin bleibe ich nie für After-Work-Drinks. Vermutlich muss man kleine Siege feiern.

Es wird der Kampf werden, den ich für ein Jahr ausfechte: mich in den freien Stunden von den Stunden der Arbeit abzugrenzen. Die Grenze zwischen den Zeitabschnitten muss jeden Tag neu gezogen werden, weil meine Firma sie jeden Tag aufs Neue einreißen möchte. Warum tut sie das? Weil sie meine lebendige Arbeit will.

Marx unterscheidet in den *Grundrissen* zwischen lebendiger und vergegenständlichter Arbeit. Lebendige Arbeit: »Die Arbeit nicht als Gegenstand, sondern als Tätigkeit; nicht als selbst *Wert*, sondern als die *lebendige Quelle* des Werts.« Demgegenüber: die vergegenständlichte Arbeit, die Struktur, die Maschinen, die toten Produktionsmittel. Es ist immer die lebendige Arbeit – Körper, Energie, Ideen, die Möglichkeit, produktiv und kreativ, in dieser Gesellschaft letzten Endes wertschaffend sich zu betätigen – die in der Kalkulation eines Arbeitstags interessiert, auch wenn kein Head of Human Resources dieser Welt sie jemals so nennen würde.

Je länger ich Texte über Yachten schreibe, desto nachhaltiger drängt sich mir die Bedeutung dieser Abstraktion auf. Um mich herum verdichtet sich die Infrastruktur der vergegenständlichten toten Arbeit in digitaler Form: Workflow-Programme, so viele Google-Spreadsheets, dass ich jeden Überblick verliere, Monthly Targets, Weekly Targets, Key Performance Indicator. Manchmal wünsche ich mir nichts lieber als eine Stechuhr. All das, um die lebendige Arbeit, die ich bereit bin zu geben, so effektiv wie möglich zu verwerten. So entsteht Mehrwert. Die Pointe der Marx'schen Argumentation lautet: Ausbeutung.

Das Schlimmste ist der Team Spirit: Gegen Ende meines Vertrags erhalte ich den Auftrag, eine Jobanzeige aus dem Englischen zu übersetzen. Darin steht in der Selbstdarstellung des Unternehmens der Satz »We are a Bunch of crazy Go-Getters.« Ich weiß nicht mehr, wie lange ich vor diesem Satz sitze und ihn immer wieder aufs Neue lese. Ich will diesen Satz nicht übersetzen. Ich könnte ihn vermutlich nicht einmal übersetzen. Was ist ein »crazy Go-Getter«?

Es genügt nicht, ordentliche oder gute oder sogar sehr gute Arbeit zu leisten. Es genügt nicht, Ideen zu haben. Es genügt nicht, gut in einem Team zu arbeiten. Was gefordert wird, ist die Identifikation.

Und mehr noch als Identifikation: eine permanente Begeisterung, eine verrückte Begeisterung, was nicht weniger heißt als die Mobilisierung sämtlicher geistiger Potentiale für das Weiterkommen des Unternehmens. Das alles mit einem Lächeln und einer grundsätzlich positiven Einstellung. Du zwingst dich nicht dazu – nein, du willst es wirklich.

Mein Team glaubt daran. Mein Team glaubt an das Versprechen eines jungen Unternehmens, das dabei ist, die Urlaubsbranche zu revolutionieren. Sie glauben an smarte Lösungen, pushen sich gegenseitig, nennen sich »Machine« und »King« und »Superstar«, aber tragen jede Kündigung ohne Klage mit.

Im Development-Bereich arbeitet ein US-Amerikaner. Jeden Morgen ist er der Erste, jeden Abend der Letzte. Nie habe ich jemand so engagiert arbeiten sehen. In meinem zweiten Monat wird er gefeuert, ohne erkennbaren Grund. Ich frage meine Chefin und sie antwortet, das sei doch besser für ihn. In keinem anderen Job habe ich so viele Entlassungen erlebt. Wer nicht die geforderten Targets erreicht, bleibt nicht lange. Bis heute weiß ich nicht, warum sie mich ein Jahr lang behielten.

Ich bewege mich wie selbstverständlich zwischen ihnen, aber sie schüchtern mich ein. Sie sind jeden Tag so gut gelaunt, dass ich jeder Geste, jedem Gesichtsausdruck zu misstrauen beginne. Wir verbringen unsere Arbeitstage in einem weichgezeichneten Raum, in dem wir mehr noch als unsere Produktivität unsere Positivität performen. Es geht darum, einen Lifestyle jeden Tag aufs Neue zu reproduzieren. Sie alle sehen sich als »crazy« und das abgenutzte Adjektiv verweist auf ein Leben permanenter Maximierung unter den Vorzeichen des Erfolgs: Zum ersten Mal in meinem Leben höre ich gleich mehrere Menschen den Satz »Work hard – play hard!« ganz unironisch aussprechen. Sie schüchtern mich ein, weil sie die Zukunft sind. Sie werden diese Welt beherrschen und technokratische Lösungen für sie finden, die Version einer Freiheit leben, die Big und Small Tech längst entwickelt haben. Alles im Dienste des sich selbst verwertenden Werts. Der zweite Slogan, den ich höre, lautet: »Better to ask for Forgiveness than to ask for Permission.« Ich höre ihn das erste Mal als Antwort auf meine Bedenken, den Datenschutz unserer User:innen betreffend – das augenzwinkernde Bewusstsein, mit allem davonzukommen.

Unter ihnen bin ich das Kuriosum: ein negativer, tätowierter Nerd ohne Karriereambitionen. »When do you get aggressive?« bedeutet »Wann lässt du deine Hemmungen fallen und begibst dich in den Modus absoluten Arbeitens? Wann gibst du alles für uns? Wann fängst du an, schmutzig zu spielen?« Die Gewissheit, dass ich diesen Weg nicht gehe, ist, was meine geistige Gesundheit lange Zeit rettet.

Das Schlimmste ist die Müdigkeit: Nie habe ich schlechter geschlafen. Nach der Arbeit gehe ich in eine Bar und schreibe. Ich verwandele mich in ein atmendes Klischee, aber ich sage mir: Würde ich erst nach Hause gehen, bekäme ich keine einzige Seite geschrieben. Ich zögere den Punkt des Heimwegs immer weiter hinaus, um das Maximum aus meiner freien Zeit herauszuholen. Ich rauche sehr viel mehr als sonst. Ich trinke auch sehr viel mehr. Wenn ich dann im Bett liege, kann ich sehr lange nicht einschlafen. Es ist der Moment, in dem mich das Bewusstsein meines Alltags einholt und die Fragen, die ich mir nicht stellen möchte. Welche Perspektive für mein Leben soll dieser Job darstellen? Welche Lüge erzähle ich mir hier jeden Tag – dass dieser Job nur ein Brotjob ist, dass ich meinen Chefs nur die eigentlichen Stunden der Arbeit gebe und die Arbeit mit dem Feierabend hinter mir lasse? Dass ich dieses Leben auf Dauer leben kann? Ohne es zu bemerken, bewege ich mich an einen dunklen Ort.

Das Schlimmste ist die Depression: In diesen Tagen lese ich Mark Fishers Essays über Depression im Spätkapitalismus. »This sickness is a sickness shared by society«, schreibt er. Es sind seine Sätze über die private Akkumulation des Schuldgefühls, des Nie-gut-genug-Seins, des Bewusstseins der eigenen Überflüssigkeit in den Verhältnissen der Mehrwertproduktion, an die ich mich erinnere.

Ich treffe einen Kollegen aus dem Sales-Team in der Raucherpause. Er zählt auf, wie oft er im letzten Jahr krank war. Dann ist er mit einem Mal erstaunt, wie häufig das war. Ich versuche mit ihm über sein Arbeitsverhältnis zu sprechen und was daran zu seinen Krankheiten beitragen könnte. Er winkt ab. Es gehöre dazu, dass man die »Extra Mile« gehe. Er will mir sagen: Es kann nicht besser werden. Es geht darum, hart zu sich selbst zu sein, um nicht unterzugehen. Anders geht es nicht.

Das ist gesellschaftliche Depression: das tief sitzende Gefühl der Ausweglosigkeit und der Hilflosigkeit angesichts einer Welt der toten Arbeit, die gleichzeitig unveränderbar und hochdynamisch erscheint. Die Lösung für den Vereinzelten: den Job nicht *ausführen*, sondern zum Job *werden*. Es stellen sich keine Fragen nach Ausbeutung, Freizeit, Lebendigkeit mehr, wenn der Job alles ausfüllt. Alle Freundschaften werden Kontakte. Alle Hobbys werden Assets. Die Trennungen lösen sich auf und niemand muss mehr den schmerzhaften Widerspruch von Selbst und Arbeit aushalten. Es könnte einfach sein.

Dass mir solche Überlegungen vollkommen fremd wären, dachte ich lange Zeit – umso bedrückender die Erkenntnis, dass die Grenze, die ich jeden Tag aufs Neue zog, immer schwächer wurde und schließlich keine Bedeutung mehr hatte. Ich dachte abends im Bett noch an den Job. Es gab keine innere Verweigerung mehr, die den Namen verdient hätte.

Das Schönste ist die Bewältigung: Ich schrieb viel in meinem Jahr mit den Yachten und ging dabei in sehr verschiedene Richtungen. Je unerträglicher der Textmüll wurde, den ich über Segelurlaube auf kristallklarem Wasser verfassen musste, umso verrätselter wurden meine eigenen Texte, die ich bei viel Rauch nach Feierabend tippte. Die meisten davon werde ich nie veröffentlichen. Doch ich fand in diesem Textraum etwas wieder, von dem ich dachte, dass ich es verloren hätte: eine neugierige Auseinandersetzung mit der Welt, nicht zweckgebunden, sondern eigen, ohne Ziel, ohne Anspruch. César Aira nannte einmal seine Texte »Gebrauchsanweisungen für von mir erfundene imaginäre Apparate, die die Wirklichkeit funktionieren ließen, wie ich es wollte«. In dieser Zeit war das mein Antrieb zum Schreiben – die Wirklichkeit so funktionieren lassen, wie ich es wollte. Und je stärker mir die gesellschaftliche Wirklichkeit als feindselige gegenübertrat, umso mehr machte ich mich daran, sie in meinen eigenen Texten zu bewältigen. Und das hieß in diesen Tagen: den Alltag wieder fremd werden zu lassen.

Ich schrieb in diesem Jahr auch meinen ersten Roman. Die Fabrikarbeit, die eine zentrale Rolle darin spielt, kam mir so unendlich weit entfernt vor – und das half. Ich versuchte sie nicht so zu beschreiben, wie jemand, der weiß, was diese Arbeit bedeutet, sondern wie jemand, der an einem heißen Sommertag die Augen zusammenkneift und die Gegenstände des Alltags wie verschwommen vor sich sieht. Dabei trieb mich ein Gedanke um: Den Alltag genau so noch einmal in einem Text zu reproduzieren wäre langweilig. Langweilig nicht im Sinne des Gegenteils von Unterhaltung, sondern im Sinne der Behauptung einer unveränderbaren Welt. Es ist schon schlimm genug, dass wir so arbeiten müssen, der Text sollte diese Erfahrung nicht einfach unbewältigt wiederholen.

Ich ging erst den Weg, die Arbeit als Rätsel zu beschreiben. Dann begann ich über meine Erfahrung mit den Yachten zu schreiben und da kamen die Wut hinzu und der Wunsch, diese Arbeitswelt zu denunzieren und einen Textraum zu erschaffen, in dem sich andere kaputtgegangene Start-up-Dropouts wiedererkennen würden. Es liegt ein Trost darin, der Beschissenheit des eigenen Arbeitsalltags eine Form zu geben – eine Form, die keine Verdopplung der Zeit zwischen neun und siebzehn Uhr bedeutet.

Das Schönste ist die Solidarität: Ein Text bleibt ein schlechter Ersatz für das, was mir in meinem Jahr mit den Yachten am meisten fehlte – praktisch gelebte Solidarität. Und das hieße: Einsicht in gemeinsame Interessen. Das hieße: sich kollektiv zu weigern, so arbeiten zu müssen. Ich hatte über die ganze Zeit hinweg die besten Genoss:innen an meiner Seite, ohne die ich vielleicht wirklich untergegangen wäre. Denn sobald ich das Büro betrat, war ich allein.

Die gesamte Organisation der Arbeit in solchen Unternehmen wie dem, in dem ich tätig war, läuft auf praktische Entsolidarisierung hinaus, auf Vereinzelung, welche die Individuen in letzter Instanz krank macht, weil jedes Leiden am Alltag als persönliches Scheitern verhandelt wird. Ich weiß es, denn ich habe es selbst erlebt. Um der Vereinzelung kollektiv entgegenzutreten, müssten wir zuerst verlernen zu funktionieren, also: verlernen, so zu arbeiten.

Das Schönste ist die Kündigung: Später würde ich sagen, dass die Entscheidung, diesen Job zu kündigen, zu den besten meines Lebens gehörte. Ich lächelte bei meiner Verabschiedung. Als ich das Büro verließ, schickte ich Kurznachrichten an alle meine Freund:innen. Auf dem ganzen Weg nach Hause hatte ich das starke Bedürfnis loszurennen.

Ich habe danach nie wieder »Textkompetenz« in eine Bewerbung geschrieben.

Egal wie nah oder fern die Brotjobs der Literatur stehen, sie geben nicht nur Geld, sondern auch eine gewisse Regelmäßigkeit, sie strukturieren den Alltag, sie gliedern das Faulsein oder In-Schwung-Kommen.

Crauss.

EIN BISSCHEN WÜRDE

1992 war das Auftaktjahr meiner öffentlichen literarischen Präsenz. Wenig früher hatte ich Gedichte in einer Druckkostenzuschuss-Anthologie mit dem postpubertären Titel *Metastasen der Seele* veröffentlicht und über dieses Projekt den Gründer einer der wichtigsten Siegener Literaturgruppen, der *Aktion Musenflucht*, kennengelernt. Es ging hoch her, die Interessensgemeinschaft wurde bald zum Freundeskreis, der nicht nur dazu da war, sich gegenseitig in den Arm zu nehmen, sondern es fielen auch Worte wie: »Das ist der schlechteste Text, den du jemals geschrieben hast!« oder »Die besten Texte, die du schreibst, sind die Ankündigungen zu deinen Lesungen.« Insgesamt also der Beginn einer wunderbaren Karriere, die mich – vom ersten Gruppenauftritt über Abdrucke in Zeitschriften – bald nach Österreich trug, wo die Kunst unglaublich großzügig gefördert und neben den Reisekosten ein prächtiges Honorar gezahlt wurde. In Deutschland sah das anders aus. Da musste man sonst wie über die Runden kommen. Ich war Student, bekam aber kein BAföG, da mein Vater zwanzig Mark zu viel verdiente. Es hieß also jobben. Das machte mir nichts, das hatte ich im Gegensatz zu vielen Klassenkameraden schon während der Schulzeit getan. Und was hab ich alles gemacht fürs liebe Geld!

Tatsächlich hatten die Ferien- und Nebenjobs, die ich in meinem Leben ausgefüllt habe, nichts Spektakuläres an sich. Das Anrüchigste war, soweit ich erinnere, meine Arbeit für eine Anlageberatung. Ich sollte, zunächst per Kaltakquise, steuerfähige Investments verkaufen. Bald, weil's wohl gut lief, ließ man mich nicht nur am Telefon, sondern auch persönlich auf die Kundschaft los. Das war der stressigste Broterwerb, den ich jemals hatte, weil man ohne Unterlass auf Strom und der Verdienst abhängig von der Überredungskunst war – und weil ein Großteil der Anleger sich aus dem eigenen Bekanntenkreis requirierte. Ich habe mich geschämt dafür.

Die Arbeit als studentische Hilfskraft am ersten deutschen Lehrstuhl für Queer Studies (damals noch: Homosexualität und Literatur) in der Germanistik der Uni Siegen war gegen den Versicherungsjob um Längen bereichernder, auch wenn ich weniger verdiente und das Ganze letztlich dazu führte, dass ich mein erstes Studium abbrach. Ich ver-studierte mich, brauchte nicht nur zu lange, sondern verlor auch das Ziel aus den Augen. Ich hatte Angst vor Prüfungen. Trotzdem war ich glücklich, kam mit unglaublich interessanten und überaus klugen Menschen in Kontakt, mit denen ich auch heute noch bekannt oder befreundet bin, konnte mir die Stunden selbst einteilen, und alles war der Literatur nahe. Dass alles, was ich in meinem Leben zu tun und zu erreichen gedachte, damit zusammenhängen würde, war mir bereits klar geworden. Das muss einem, der Gedichte schreibt und liebt, auch früh klar sein, denn sonst verschlingt es ihn. Man kann Arzt oder Anlagenbauer sein und für Poesie schwärmen, aber man kann nicht in zwei Berufen gleichzeitig Karriere machen.

Was bedeutet es, mit oder in der Kunst Karriere zu machen? Es bedeutet zunächst, dass man sich darauf einstellen muss, nur im glücklichsten Fall wirklich davon leben zu können, ohne sich die schlechten

Buchverkäufe, miserablen Beteiligungen und gönnerhaften Almosen mancher Veranstalter schönzurechnen. Es bedeutet ein hartes Brot mit lauen Brotjobs – also bei umgekehrtem Vorzeichen: der Dichter als Klempner, der Poet als Pizzabäcker, der Literat als Bademeister. ›Schriftsteller‹ ist eine nicht geschützte Bezeichnung und überdies ein sportlicher Beruf: Es gibt Wettkämpfe, man muss trainieren, man macht – zumindest im Lyrikbetrieb – manchmal Mannschaftssport inklusive Saufen unter der Dusche, man strampelt auf dem Fahrrad: Denn in der Limousine merkt man nicht, wenn's aufwärts geht, auf dem Rad durchaus, es dauert bloß länger.

Ich gehe also nochmal durch und liste mein Doppelleben auf. Hier die literarische, dort die ›berufliche‹ Vita. Das ist nicht einfach, denn beide lassen sich weder gut gemeinsam darstellen noch so recht voneinander trennen. Die Reihe meiner Publikationen, der Zeitpunkt bestimmter literarischer Auszeichnungen und Anerkennungen spiegelt sich nicht in der zunehmenden Qualität oder einer abnehmenden Quantität meiner Brotjobs. Eins ist klar: Museumstänzer, Postsortierer, Bürokraft sind keine Berufe, sondern Tätigkeiten. Mein Beruf ist Dichter, und so trage ich es in den seltenen Fällen, in denen es noch verlangt wird, auch auf dem Meldezettel des Hotels ein. Der Beruf entspricht also meiner Berufung, was an sich ein glücklicher Umstand ist. Nicht jeder kann das von sich behaupten. Dennoch gibt es zufriedene Zahnärzte oder Gärtner. Man kann nur gut sein in dem, was man gerne tut. Das ist nicht neu, wird aber manchmal vergessen. Umgekehrt haben wir selten die Möglichkeit, was wir gerne tun, zu unserem Beruf zu machen. Überhaupt: Was ist das schon, ein ›Beruf‹?

Tatsächlich würde ich, auch wenn keine Notwendigkeit dazu bestünde, nur ungern ganz auf eine Nebentätigkeit verzichten wollen. Ich tendiere nämlich zum Gemütlichen und brauche ab und zu einen Tritt in den Hintern. Der kann darin bestehen, dass man mir ein

Schreibthema vorgibt, dass eine Deadline naht – oder eben dass ich meine Textarbeit fertig haben muss, bevor ›die Arbeit‹ ruft.

Ein lieber Kollege ist Tischler und Lehrer. Er hat einen mächtigen Willen zur Poesie, er schreibt seine Gedichte, bevor der Tag erwacht und er zur Schule muss. Morgens um fünf. Ein anderer wartet, bis die Kinder im Bett sind; ein dritter hat das Glück, als Nachtportier im Hotel nur selten von Gästen belästigt zu werden. Selbst die Verleger kleinerer Editionen haben noch andere Jobs. Sie sind Graphiker, Geschäftsführer von Stiftungen oder stapeln Lagerbestände im Blaumann. Egal wie nah oder fern die Brotjobs der Literatur stehen, sie geben nicht nur Geld, sondern auch eine gewisse Regelmäßigkeit, sie strukturieren den Alltag, sie gliedern das Faulsein oder In-Schwung-Kommen. Sie zehren, aber sie geben genauso viel Energie. Dies halte ich, nebenbei, auch für eines der stärksten Argumente, ein allgemeines Grundeinkommen einzuführen. Nur wenige bleiben freiwillig ihr Leben lang auf der Couch liegen.

Zu Beginn meines Studiums stand also fest, dass alles, was ich je arbeiten würde, das Unterfutter meines Dichterdaseins bildet. Nicht mehr, aber auch nicht weniger. Die bodenständige Erziehung durch meine Eltern hat es mir leicht gemacht, anschaffen zu gehen und nicht im Künstlerischen zu ›verschweben‹. Gerade durch die Brotjobs hatte ich immer Kontakt zu Menschen, die mit Literatur so überhaupt nichts am Hut hatten. Das war zuerst verunsichernd, stets musste man ein Hobby, das kein Hobby ist, rechtfertigen, erklären, begreiflich machen und gleichzeitig die ›Ich hab da auch mal was geschrieben‹-Haltung abwehren. Nein, ich schreibe nicht ›mal‹ was. Ich schreibe. Das ist eine Prädisposition, die weit über den Vorgang hinausgeht, der sich von der Idee eines Texts bis zum Ausdrucken oder Veröffentlichen des Ergebnisses zieht. Und deshalb bleibt man auch

Dichter, Schriftsteller, Autor, wenn man ein Jahr oder zwei keine einzige Zeile aufs Papier bringt. Aber man will ja kein Schnösel sein, kein Weltfremder und lässt es möglichst so elegant wie Jan Wagner an sich abperlen, wenn nach einer Lesung die vornehmsten Damen des Dorfes in etwas zu heller Stimmung von ihrer emotionalen Erfahrung mit Rilke sprechen, ohne sich einen Reim auf die gerade erst vorgetragenen zeitgenössischen Stimmungsbilder machen zu können. Das eigene Poesiealbum ist das Aktuellste, was ihnen zum Thema einfällt.

Menschen wie du und ich können gleichwohl eine große Inspiration sein, auch wenn sie nicht eins zu eins als Figuren in Gedichte oder Geschichten übergehen. Wenn mir ein Chemiker von seiner Arbeit erzählt, ist das faszinierend. Habt ihr gewusst, dass Glas als Werkstoff pures Chaos ist im Gegensatz zu Holz oder Metall? Man schaut durch eine Scheibe und denkt sich: Alles klar! Pustekuchen. Auf der molekularen Ebene wimmelt es von Unerwartetem. Habt ihr gewusst, dass lebende Bienen per Post transportiert werden? Einfach so in einem Briefumschlag? Wusstet ihr, dass ein Antidepressivum *Lyrica* heißt? Mit anderen Worten: Ich bin interessiert an Zusammenhängen, an Geschichten, und in der wirklichen Welt finden sie statt.

1992, Panzer stoppeln fünf Meter vor mir durchs Feld. Ich krieg keine Luft, die Sichtfenster der Gasmaske beschlagen. Es ist eine Übung im Angst haben. Die Kameraden lassen sich später gerne verarzten von mir. Da blühe ich auf wie das Hawaiihemd, das der Professor, bei dem ich mich zum Studieren anmelde, auch im Herbst noch bis zum Bauchnabel aufgeknöpft trägt. Die Demonstration ist ein Einstellungstest. Ich bestehe. 1993 hab ich Erfahrung, arbeite für ein Demoskopie-Institut und klingle an Türen. Ein zu Befragender wartet im Schlafzimmer auf mich ...

2001 geht eine Liebe zu Ende, heftig und wild wie andernorts Türme einstürzen. Ich beginne, mein »Leben aufzuräumen« und Briefe zu sortieren. Da hat jemand Hausnummer 2½, einer bekommt von der Oma eine Salami, einer im dezenten Umschlag etwas Intimes mit leerlaufendem Akku. Der Absender vibriert.

2004 fragt man mich, ob ich lehren will, was ich über das Schreiben weiß. Ich wär gern Professor, die Prüfungsangst vereitelt, dass ich mich rumschlagen muss mit akademischer Bürokratie. Auch bricht das Haus, in dem ich mich eingerichtet habe, zusammen. Ich weiß, was Evakuierung bedeutet. 2011 lerne ich viel über Steine. Bisher dachte ich, Gärtnern sei grün. 2017, das Arbeitsamt hält mich für jemanden, der noch einen Beruf sucht, schule ich um oder auch nicht. Ich unterrichte mich selbst in einem Fernstudium und lehre einem sozialen Träger das Leben.

Freunde fragen mich, wieso ich kaum eine Geschichte, die ich gern in Gesprächen zum Besten gebe, aufschreibe. Ich kann nicht. Was ich bei den Jobs erlebt habe, ist zu dicht an mir dran und es eignet sich – eben! – für konventionell erzählte Geschichten, selten jedoch für Gedichte oder jene Prosa, die ich pflege: permutativ, mosaikisch, fragmentiert und sehr langsam. Fließtext entsteht bei mir so gemächlich und dem »wirklichen Leben« hinterhersickernd, dass ich nur alle Jahrzehnte ein entsprechendes Buch veröffentlichen kann. Im Gegensatz dazu sind die Tätigkeiten, denen ich nachgegangen bin, von mehr oder weniger großer Dauer. Bei der Deutschen Post war ich zwar insgesamt zehn Jahre, stets wusste ich aber erst freitags, ob der auf ein Jahr, ein halbes, später nur auf acht Wochen begrenzte Vertrag auch verlängert würde und ich montags die Schicht antreten könnte, zu der ich pro forma bereits eingeteilt war. Lehraufträge an der Universität werden oft ebenso knapp vergeben. Dies und die Leere zwischen zwei Jobs förderte über lange Zeit einmal im Jahr eine Sinnkrise, ein nervöses Erwägen, sich von Sozialhilfe zu ernähren, wie manche Schreiber das tun. Für Alleinstehende mag das eine Beruhigung der Lage bedeuten, für die Bedarfsgemeinschaft, in der ich lebe, brächte es eher den finanziellen Ruin aller Beteiligten mit sich.

Erst in letzter Zeit und mit dem Alter stellt sich eine gewisse Gelassenheit ein; wollen wir hoffen, sie hält. Auf Altersarmut muss sich jeder, der versucht von der Kunst zu leben, vorbereiten. Ein Stoßdämpfer sollte die Künstlersozialkasse sein, zu der es widersprüchliche Ansichten gibt. Die Erfahrungen aber sind vielfältig, das Aufnahmeverfahren dauerte zumindest in meinem Fall recht lang. Im zweiten Coronajahr können viele Kunstschaffende ihrer eigentlichen Arbeit immer noch nicht wieder nachgehen und müssen die Brötchen anderweitig verdienen. Auf Minijobniveau ist das möglich, ohne den Versicherungsschutz durch die KSK zu verlieren. Wohl dem, der von vierhundertfünfzig Euro die Miete zu zahlen imstande ist.

Wenn ich schon nicht über mein direktes Brotjob-Umfeld schreibe, welche Arbeiter und Werktätigen kommen darin denn vor? Piloten, Matrosen, Motorradhelden fallen mir ein. Mütter, Musen, Bartender, Studenten. Chansonetten, Postboten, Autoren. Touristen, Maskenbildner, Sexfilmarbeiter und Gangster. Schmiede – immerhin! – und Soldaten. Kommissare, Saxophonspieler, Aidspräventionisten. Mathematiklehrer, Chemiker, Sandler. Zugführer, Geister, Rezeptionisten. Regisseure, Liebhaber, Witwen. Tänzer, Zirkusdompteure und – mal ehrlich: mit den bekannten *Texten aus der Arbeitswelt* oder dem *Werkkreis Literatur der Arbeitswelt*, Phänomene der sozial engagierten 1960er und 70er Jahre, hat das wenig zu tun. Arbeitereltern, ja, okee. Lust auf das richtige Leben, Strukturkönig mit halber Stelle, Leitende Hilfskraft auf Zeit, Publizieren und Sortieren, Stories auf Steuer, Armut, Reichtum, Mensch und Tier.

Einiges an der Misere der Künstler ist übrigens selbst verschuldet. Ich kann zwar nur bedingt für die bildende Kunst und die Musik sprechen, aber in der Literatur kenn ich mich aus. Man redet nicht über Geld. Man besitzt aber auch keins. Was in Österreich weniger dringlich erscheint als in Deutschland, weil es im Verhältnis eine viel größere Subvention in Form von Werkstipendien, Druck- und Verlagsförderungen gibt, ist in der Bundesrepublik notwendiger denn je. Die Lyrikszene vernetzt sich zwar stärker als Prosaschriftsteller es tun, aber um Verdienste, Verkäufe und Auftrittsentgelte wird ein großes Geheimnis gemacht. Da ist es eine Wohltat, wenn Florian Voß als einer der wenigen Klartext spricht (ich zitiere aus dem Gedächtnis): »Von meinem letzten Roman wurden genau 17 Exemplare verkauft. Pro verkauftem Buch bekomme ich knapp zwei Euro. Gearbeitet habe ich an dem Projekt zwei Jahre.«

Und da ist es eine Frechheit, wenn ein großer Kölner Verlag – ja, auch den Verlagen geht's schlecht heutzutage – eines meiner Gedichte als Vollzitat im Roman eines Kollegen abdrucken, für die Gewährung sämtlicher Sekundärrechte und über »alle Formate (Hardcover, Taschenbuch und eBook) bis zu 10.000 Exemplaren« aber nur 70 Euro bezahlen will. Verlangt habe ich dafür achthundert (war das zu viel?), geeinigt haben wir uns am Ende und nach langem Hin und Her auf 250. Das ist weniger als der deutsche Schriftstellerverband für eine Autorenlesung empfiehlt, nämlich 300 Piepen. Mein persönlicher Tarif liegt im Augenblick bei 600. Die wenigsten Veranstalter wie Buchhandlungen, kleinere Theater etc. können sich das leisten, die großen Häuser wollen es manchmal nicht, oder sie wollen eine solche Summe nur für jemanden ausgeben, der bereits hinlänglich aus Funk und Fernsehen bekannt und ohnehin in aller Munde ist. Die 600 Euro als Honorar habe ich mir auch nicht einfach ausgedacht, sondern es gab eine Entwicklung, die mit der Professionalisierung der literarischen

Arbeit zusammenhängt. Profi bin ich in meinem Metier nämlich *mindestens* genauso wie ein Hörbuch sprechender Schauspieler. Sicher, man fühlt sich geehrt, wenn man gefragt wird. Und nein sagen fällt schwer, denn ein bisschen Geld ist besser als keins. Bloß: ein *bisschen* Würde gibt's leider nicht.

Jetzt bin ich ein schwieriger Autor.

Der Arbeitswelt inzwischen vollständig abhandengekommen, betrieb ich also, wo immer es ging, mit
ungeheurer Disziplin und vorbildlichem Fleiß die
Vermeidung des Verhängnisses eines andauernden
Brotberufs zu Ungunsten meiner Dichtung.

Dominik Dombrowski

ARBEITSGESPENST

Ich möchte nichts anderes sein als ein Mensch,
der seinen Garten gießt und, auf einfache Arbeiten bedacht,
diese Welt in sich eindringen lässt,
die er nicht lange bewohnen wird. Das Brot der Luft.

Philippe Jaccottet

Ich war nie besonders berufstätig. Jeder Literat kann sich ausmalen, was es bedeutet, wenn man die Frage gestellt bekommt, was man beruflich macht. Antwortet man »Schriftsteller«, geht's vielleicht noch, aber antworten Sie mal *Lyriker* – »Ich bin Lyriker!« –, dann geht's los: »Muss man Sie kennen?!« »Kann man davon leben?« »Aber womit verdienen Sie eigentlich Ihre Brötchen?!« Daher kommt ja dann auch der niedliche Begriff ›Brotjob‹ oder ›Brotberuf‹, ein Begriff, der genauso antiquiert wie romantisch daherkommt, wie all diese anachronistischen Existenzen, die ihn sogar mit Stolz in den Mund nehmen. Der Brotberuf bzw. Brotjob setzt voraus, dass man sich so früh wie möglich damit abfindet, dass die eigene künstlerische Berufung selbstverständlich brotlos bleibt: »Lern erst mal was Vernünftiges, dann ...!« Das Bestimmungswort *Brot* vor Job oder Beruf soll unterstreichen, dass man von seiner eigentlichen Betätigung seinen Lebensunterhalt nicht bestreiten kann und findet also Verwendung im Zusammenhang mit Künstlern, Literaten, Musikern. ›Brotjob‹ ist dabei ein zwiespältiger Begriff: Einerseits wohnt ihm eine versteckte Unverschämtheit inne, andererseits impliziert er ein vergiftetes Kompliment.

Seit ich denken kann, habe ich eine sogenannte *systemrelevante* Erziehung kaum genossen. Ich war von Anfang an kein Immanenter. Gefühlt mit einer merkwürdigen Gastrolle auf Erden ausgestattet, versank ich von Kindesbeinen an jenseits der Leistungsethik, jegliche Tätigkeit fand ich verdächtig, es kostete mich bereits Mühe, mich zum Beispiel an diesen typischen schulischen Abfragen zu beteiligen: »Was möchtest du denn einmal werden?« Und ich verharrte in der Beobachtung der Fingeraufzeiggesten meiner Mitschüler, wenn sie ihre Berufswünsche herausschrien: Kfz-Mechaniker oder Fußballer oder Astronaut. Stattdessen arbeitete ich mich intensiv ab an meiner Fremdheit auf Erden. Ich hatte stets genug damit zu tun, diese meine tägliche existenzphilosophische Expedition durchzustehen: Was soll ich überhaupt hier? Ein gesellschaftsimmanentes Interesse auszubilden, einen brotsicheren Berufswunsch zu artikulieren, hatte ich nicht die Muße. Das Rätsel meines Daseins chronologisch festzuhalten, wie eine Art staunender Alexander von Humboldt meine inwendige unaufhörliche Seelenreise festzuhalten, darin bestand mein Beruf – und schon diese Tagträumerei überforderte mich. Ein Dämmerungsjob, so nannte es Raymond Carver. Aber es war eine Daseinsbestimmung, gegen die ich mich nicht wehren konnte und wollte, weil es eine Zuflucht war. Aber wen sollte diese Berufung interessieren? Das Beschreiben der Zuflucht. Eine erste kleine Anerkennung erfuhr ich möglicherweise, als ich in der Grundschule kleinere Theaterstücke konzipierte, die dann bei diversen Schulfeiern aufgeführt worden sind.

Zwar noch sehr *un-*, aber vielleicht doch schon *unter*bewusst war mir der Barde Troubadix aus den Asterix-Heften ein erster Trost gewesen. Er wohnte auf einem Baum. Und es war mir sympathisch, dass – obwohl keiner seine musische Ader teilte (ja, dass man ihn dafür sogar fesselte und knebelte, sollte er sich künstlerisch hervortun) – die Dorfgemeinschaft ihn trug und ertrug und er seinen Platz in ihr hatte. Erst später sollte ich dann in dem Band *Die goldene Sichel* auf diese desillusionierende Szene stoßen, die ihn, den Barden, mit Zeigestock und Tafel vor einer Schar Kinder zeigte ... Troubadix war *Lehrer*! Er hatte einen *Brotjob*! Das fand ich traurig.

Im Folgenden kamen immer mehr die Bücher. Natürlich. Und ich geriet auf ihre schiefe, brotlose Bahn. Mit jugendlich-idealistischem Trotz nahm ich zur Kenntnis, wie eine große Anzahl meiner Deutsch- und Philosophielehrer alle ihre heimlichen Romane, Gedichte und Pamphlete in der Schublade hatten, ein bürgerliches Leben führten, ihr Schreiben als eine Sache abtaten, die man *später* vielleicht noch einmal *in Angriff* nehmen könne, da man ja nun seinen *Brotberuf* hätte. Manche von ihnen schickten dann auch – Rente in Sichtweite – ihre ausgeträumten Elaborate an Bezahlverlage und entwickelten schließlich in der Folge ein hysterisches, schmerzliches Ressentiment zur Gegenwartsliteratur, mit dem sie wiederum auf ihre Schüler:innen losgelassen wurden. Die Entscheidung für einen (Brot-)Beruf vor der originären inneren Notwendigkeit zum Schreiben kommt fast schon einer Kapitulation vor der eigentlichen Berufung gleich. Friederike Mayröcker beispielsweise hat sehr unter ihrem Brotberuf als Lehrerin gelitten und hatte bis zuletzt Albträume deswegen. Bei mir führte all das zu einem konsequent konsum- und sicherheitsfernen Lebensentwurf. Ich grübelte weiter, entschied mich natürlich für das Philosophiestudium (»das zu nichts führte«) und blaffte in den Kneipen gegen die Akademiker. Mit meiner bedingungslosen und realitätsfernen Hippiehybris ausgestattet, tönte ich, dass ich nicht beabsichtigte, bis zur Rente Vorlesungen zu halten, sondern dass es gelte, es dahin zu bringen, dass über *einen selbst* Vorlesungen gehalten würden. Es gibt ja sogar Institutionen, die einem eine hauptberufliche Künstlerexistenz suggerieren. Man kann sich zum Literaten ausbilden lassen, inklusive akademischem Abschluss. Dies setzt aber voraus, dass man im Interesse der Gesellschaft seine Kunst ausübt. Thriller- oder Fantasyhandwerk. Was sich eben verkauft. Ich hätte überlegen können, ob ich als Lyriker dem Brotjob eines Krimiautors nachgehe. Dies wäre mir aber – ehrlich gesagt – zu anstrengend gewesen. Der Arbeitswelt inzwischen vollständig abhandengekommen, betrieb ich also, wo immer es ging, mit ungeheurer Disziplin und vorbildlichem Fleiß die Vermeidung des Verhängnisses eines andauernden Brotberufs zu Ungunsten meiner Dichtung. Ich vermied Besitz und Verantwortung, ich wollte kein Auto und keine Kinder, keine Immobilie. Als ich als Erntehelfer in der Weinlese an der Ahr schaffte, da hatte ich Jack Kerouac vor Augen, weil der ja auch als Erntehelfer in den Baumwollfeldern gearbeitet hatte, und ich habe in der Folge einen Haufen solcher bescheuerten Gelegenheitsjobs gemacht, ohne an ihnen zu verzweifeln (wahrscheinlich auch bis in alle Ewigkeit), auch ohne mich ausgebeutet zu fühlen, sondern, im Gegenteil, mit gänzlich autark-stolz-romantischer Motivation und Geste ließ ich mich selig unterbezahlen. Ich schrieb altkluge Gedichte und dehnte meine Abwesenheiten aus, indem ich beispielsweise monatelang in Thailand gegen Kost und Logis auf einer Insel kellnerte.

Aber irgendwann hatte ich dann, für eine Zeit lang, tatsächlich meinen Traumbrotjob gefunden! Ich sortierte Briefe und Pakete in der Nachtschicht einer Reiselogistikfirma in Bonn-Beuel. Das war zauberhaft. Nachtmensch, der ich war, erschien ich pünktlich gegen

18 Uhr bei der Arbeit, war für einen bestimmten Paketbereich innerhalb Deutschlands zuständig und sortierte den jeweils ortsansässigen Reisebüros Tickets, Kataloge und Prospekte zu. Ich wurde in Ruhe gelassen, durfte zur vollen Stunde eine rauchen gehen und brachte mir eine schöne blaue Thermoskanne mit Kaffee von zu Hause mit, den ich mir zärtlich bis in die Morgenstunden einteilte. Der Job war an Stumpfsinn nicht zu überbieten und ich perfektionierte ihn derart, dass ich mich in Ruhe meinen inneren dichterischen Entwürfen widmen konnte, ich konzipierte im Geiste meine Poeme, dachte über Kurzgeschichten nach, trank stündlich meinen Kaffee, rauchte meine acht Zigaretten und holte mir mein Bargeld dann morgens an einer Kasse ab. Ich konnte je nach Lust auch mal die eine oder andere Stunde dranhängen, da freute man sich sogar drüber. Während ich also dieser Arbeit nachging, dachte ich gar nicht an sie. Innerlich löste ich lyrische Rätsel, feilte an Versrhythmen, überlegte Metaphern und beobachtete von Ferne den geisterhaften Automatismus der Hände Dominik Dombrowskis. Eine solche seltene Seligkeit eines perfekten Brotjobs fand ich dann später auch in Jim Jarmuschs *Paterson* dargestellt (übrigens habe ich darüber einmal ein Gedicht verfasst mit dem Titel *Mein Arbeitsgespenst*): In Jarmuschs Filmkunstwerk arbeitet der Dichter Paterson als Busfahrer in der Stadt Paterson, immer die gleiche Fahrt, immer die gleichen Leute. *Routine* ist das Zauberwort! Er bringt es in dieser Routine, die ihm die Existenz sichert, zur Perfektion. Paterson funktioniert äußerlich wie ein Spuk, in seiner innewohnenden Wirklichkeit aber beschäftigt er sich Tag für Tag mit seinen Gedichten, die er dann in sein Notizbuch notiert. Im Film wird diese Busfahrerroutine einmal unterbrochen, was für den Dichter Paterson sofort einige besorgniserregende Auswirkungen nach sich zieht.

In meinem Job beging ich auch einen solchen Kardinalfehler, der meine Literatenseele ins weltliche Unglück stürzte: Ich stimmte meiner Beförderung zu! – Und mir nichts, dir nichts war ich plötzlich *verantwortlich* für den ganzen Kram dieser Firma. Ich war zum Leiter der Nachtschicht avanciert, ein Angestellter, der den Stundenlohn seiner Angestellten zu bestimmen hatte. Ich hatte Vorgesetzte, mit denen ich Ärger bekam, weil ich kein leistungsabhängiges Lohnsystem für meine mir untergeordneten Mitarbeiter akzeptierte, ich trat dem Betriebsrat bei, war zwischen allen erdenklichen Industrielandsabsurditäten gefangen, kurz gesagt: Ich verfasste irgendwann eine E-Mail an alle Abteilungen, in der prangerte ich die Missstände der Firma an und kündigte den Job, bevor ich gekündigt wurde. Für mein bedingungsloses poetisches Wesen war das alles sehr kontraproduktiv. Da ich inzwischen ein kleines Appartement zu bezahlen hatte, führte mich mein Weg zum Arbeitsamt. Hartz IV wurde nun mein Brotjob, einer der härtesten Berufe überhaupt! Mein psychischer Zustand wurde zunehmend desaströser, so dass ich mich schließlich in einen sogenannten Ein-Euro-Job quatschen ließ: Ich wurde Florist in einem Schnäppchenmarkt. Doch ich hatte kein Talent zu dieser instinktiven Kapitalvermehrung, die unserer Gesellschaft so eigen ist. Ich saß zwischen den Blumen, entwickelte persönliche Bezüge zu ihnen, freundete mich mit ein paar traurigen Buchsbäumchen an, die ich durch den Winter dieses unbeheizten Marktes gebracht hatte. Die wenige Kundschaft musterte ich misstrauisch und weigerte mich in den meisten Fällen, meine tröstliche Pflanzenwelt zum Verkauf rauszurücken. Ich log die meisten an, erklärte ihnen, dass diese Anthurie schon vorbestellt sei, dass jene Palme ein unverkäufliches Ausstellungsstück darstelle. Sah ich etwas wie Zuneigung zu meinen grünen Freunden in den Augen irgendeines Kunden, verkaufte ich sie ihnen, nahm das Geld und ließ meistens die Käufer entscheiden, was sie dafür bezahlen wollten. Oder ich schenkte sie ihnen gleich.

In meiner Erzählung *Künstliche Tölpel* (2019) gibt es eine autobiographische Szene, eine Art Reflektion über diese Brotjobs, meine Tatkraft überhaupt:

> Ein Steingötzenwächter auf Papua-Neuguinea zu werden. Es wäre ein Anfang. Und ich könnte mich dann damit zufriedengeben, was die Kreuzfahrer mir so alles dalassen würden, blickte aufs Meer und würde dann auch langsam versteinern. In meiner Region hier jedenfalls machte ich ohnehin nicht mehr viel Sinn, es war ja nicht so, dass ich meinen Verstand verloren hätte, dachte ich, vielmehr hatte ich nie den richtigen, den *konformen* Verstand gehabt. Ich bin ungeschickt, ich besitze keinerlei Fähigkeiten, keinen Schimmer habe ich von der Physik, der Chemie oder den *Ohm'schen Gesetzen*, der Elektrizität, der mechanischen Funktion all der Dinge, die ich benutze: Telefone, Glühbirnen, Feuerzeuge – Fehlanzeige. Würde man mich in einer Zeitmaschine in die Steinzeit befördern und wäre ich dann dort so eine Art Gottmensch aus der Zukunft, ich schwöre, ich brächte die Menschheit nicht um einen Schritt voran. Ohne dass man mich verstünde, würde ich von mir aus Sätze faseln, wie: Stellt euch vor, es wird Plastik geben und Öl und all dieses Zeug, überall Wasser, das aus Hähnen kommt und Stimmen aus dem Apparat. Ganz zu schweigen von den Fernsehern, irgendwie aus gelöteten Kabeln bestehend, aber wie man das dann alles *herstellt*, mein Gott – oder wie man zum Beispiel Kupfer gewinnt und *wo*? Oder Draht? Alles Fehlanzeige. Ich könnte allenfalls ein paar vorelektrische Bob-Dylan-Lieder singen, das ginge schon, es könnte manchen von den Steinzeittypen eventuell sogar gefallen, obwohl sie die Texte nicht verstehen würden, aber was tut das schon zur Sache bei Bob Dylan ... Nicht lange

jedenfalls, dann würden sie das Interesse an mir verlieren, schon in der Steinzeit würde man mich für einen Irren halten. Auch dort säße ich in meiner mir zugewiesenen Höhle und sie würden spöttelnd an mir vorübergehen zu ihren sinnvollen lebensrelevanten Tätigkeiten und mich vielleicht ab und zu bespucken (wie Troubadix), oder, wenn sie in alberner Stimmung wären, mir bedeuten, Bob-Dylan-Lieder zu singen. Ich würde mit der Zeit komische halbfertige Sachen mit einem Stock in den Boden kritzeln, wahrscheinlich würde ich mir über den *Tabakanbau* so intensiv den Kopf zerbrechen, dass ich darüber schlicht vergessen würde, wenigstens das Rad zu erfinden.

Seit einiger Zeit nun scheint es mir zu gelingen, in einer Art hybridem, eigentlich unmöglichem Dasein eine »brotsichere« Lyrikerexistenz zu führen. Dass das jetzt schon ein paar Jahre andauert, ist für mich mindestens alle paar Monate wieder die größte Überraschung, was nichts anderes bedeutet, als dass ich mich an meine fortdauernde Existenzunsicherheit gewöhnt habe: Als innerliche Auseinandersetzung ist es meine Berufung, äußerlich ist es prekär. Eine ständige Ausnahmesituation. Zusammengesetzt aus zufälligen, glücklichen Umständen. Ich bin in der Künstlersozialkasse, ich bin siebenundfünfzig Jahre alt und bewohne ein Dachappartement mit Toilette auf dem Gang. Kostet zweihundert Euro Warmmiete, weil es eigentlich unvermietbar ist; es setzt mich aber in den Stand, Aufenthaltsstipendien entgegenzunehmen, dazu kommen Lesungen, ein paar Preise, und ab und zu ist auch mal meine Freundin als vorübergehende Mäzenin eingesprungen.

Mein aktueller Brotjob besteht indessen im freien Lektorieren von Texten. Gerne Sachtexte, wissenschaftliche Arbeiten, Museumsführer, Kataloge, Prospekte, Dinge, die mich in Ruhe lassen. Belletristische Lektorate zum Beispiel sind mir eher ein Gräuel. Ich habe damit überwiegend böse Erfahrungen gemacht. Meistens, wenn es von mir aus etwas zu kritisieren gab, habe ich dies unterwürfig mit einem fast entschuldigenden Vorlauf erst einleiten müssen. Beispielsweise: »Sorry, ist nur ein Vorschlag …« oder »Ist nur meine persönliche Meinung …« usf. Trotzdem reagierten die meisten Schriftsteller:innen darauf in der Regel entrüstet, beleidigt, irgendwie angepisst, also immer dieses Kill-your-darlings-Syndrom. Sie beschimpften mich und ich hatte obendrein ein schlechtes Gewissen, von ihnen Geld zu nehmen. Und da war es wieder, dieses Unvermögen zum Vermögen. Und die (wenigen) guten Autor:innen, die sich an mich wenden, haben eh ihren Stil, ihre Inhalte, ihre Botschaft, ihre Musikalität, ihr Schriftbild. Da will ich gar nichts mehr machen; allenfalls findet man ein paar Buchstabendreher oder kleinere Rechtschreibfehler. Das teilt man ihnen dann mit, hat aber trotzdem ein blödes Gefühl, ihnen dafür eine Rechnung zu schicken. Auch fände ich es eher absurd, ihnen mitzuteilen, wie *ich* das eventuell schreiben würde, warum sollte ich ihnen in ihre Melodien grätschen, über die sie sich ja die ausführlichsten Gedanken gemacht haben? Seitdem mache ich diese dichterischen Sachen eher selten, oder wenn, ergibt es sich ab und zu bei einem Bier oder so. Wenn sie in ihrem schriftstellerischen Dasein so kapitalfern-weltfremd agieren wie ich, will ich sie ja nicht auch noch pekuniär ausbeuten.

Das problem ist nicht, dass man keine jobs findet, um sich über wasser zu halten. Das problem sind auch nicht die jobs selbst. Das problem ist: Man kann nicht vollzeit in diesen jobs arbeiten, wenn man noch zeit zum schreiben finden will.

Özlem Özgül Dündar

WARUM ICH NICHT MEHR SCHREIBEN WILL

Ich gefalle, ich gefalle nicht. Ich gefalle, ich gefalle nicht. Ich pflücke die blütenblätter der blume einzeln ab. Ich gefalle, ich gefalle nicht. Es ist wie ein zufallsprinzip. Gefallen und ungefallen, wenn ich vor der gatekeeper:in stehe. Diejenige person, die über mich entscheidet, ob ich den job kriege oder nicht. Ob ich gut genug bin, ob ich nett bin, fleißig bin, sympathisch bin, kumpeline bin, ob ich ankomme, wie ich ankomme. Diese person entscheidet, wer oder was ich sein kann: die gatekeeper:in. Ihr urteil über mich entscheidet, was mit mir passiert oder nicht.

Bevor sich mir als autorin eine tür öffnet, muss mir und meinen texten einlass gewährt werden. Vor jeder publikation, vor jedem auftritt, vor jeder einladung steht eine tür. Entweder geht sie auf oder nicht. Und an jeder dieser türen stehen mehrere leute, die sie öffnen können, oft genug ist es aber auch nur eine person, die da steht. Und diese person, die an der tür oder dem tor steht, ist die gatekeeper:in. Sie steht vor dem gate, der tür, dem tor und bewacht es. Überall stehen türen und tore und ich stehe davor und will einlass und überall dort begegne ich den gatekeeper:innen. Ich muss diese personen überzeugen, wenn ich für meine texte eine bühne will, wenn ich für sie ein publikum will. Manche wissen um ihre rolle als bewacher:in der tür, manchen ist es nicht bewusst. Manche versuchen fair zu sein, manchen ist fairness egal. Manche versuchen objektiv zu sein, manche sind ganz subjektiv und versuchen objektivität nicht einmal anzustreben. Bei wettbewerben gibt es sie, in verlagen, in zeitschriften, bei festivals, bei lesebühnen analog und digital und überall sonst, wo man eine bühne und ein publikum hat.

Wenn die arbeit, die ich mache, künstlerisch ist, das schreiben ist, und wenn dieser arbeit keine direkte notwendigkeit abzulesen ist, wie sie zum beispiel der arbeit einer bäcker:in abzulesen ist. Der arbeit einer bäcker:in kann man jeden handgriff ablesen und beimessen, was daran die notwendigkeit ist und warum diese arbeit mit geld entlohnt wird, was der preis dieser arbeit ist und warum dieser preis verlangt werden kann, warum jemand bereit ist, diesen preis für dieses produkt, diese arbeit zu zahlen. Wenn die arbeit, die ich mache, künstlerisch ist, das schreiben ist, dann kann dieser arbeit weder eine klare notwendigkeit beigemessen werden noch ein eindeutiger preis oder lohn. Wie überzeugt man jemanden dennoch davon, dass diese arbeit einen geldwert hat? Denn das künstlerische produkt muss nicht nur dem gaumen gut schmecken, sondern auf einer abstrakten ebene der betrachter:in gefallen. Wenn ich nun als autorin meine texte anbiete, dann müssen sie der abstrakten ästhetischen vorstellung der betrachter:in gefallen, damit ich mit diesen texten eingeladen werde, um meine arbeit zu präsentieren. Und ich muss meine arbeit präsentieren. Dieses präsentieren-müssen erwächst aus der notwendigkeit, dass künstlerische arbeit ein publikum braucht. Wenn ich meine arbeit einem publikum vorstellen möchte, dann muss ich zunächst jemanden davon überzeugen, sie muss zuerst jemandem gefallen, bevor sie ein publikum zu hören oder zu sehen bekommt. In manch einem fall muss nicht nur der text gefallen finden, sondern auch ich – jemand muss gefallen finden an meiner person. Nicht nur mein text muss in dem fall überzeugen, sondern ich in person und mit meiner person.

Bei der begegnung mit einer solchen gatekeeper:in, die ich mit meiner person überzeugen muss, bleibe ich immer freundlich und hab ein lächeln auf den lippen. Ich versuche smalltalk zu führen. Ich versuche im gespräch zu bleiben, den anschluss zu behalten. Ich versuche was zu sagen. Ich versuche zu sprechen. Ich versuche nicht zu sehr daran zu denken, was ich hier gerade mache. Ich versuche entspannt zu sein. Ich versuche nicht aus der situation herauszufallen.

Ich kreise um die gatekeeper:in. Ich kreise und umwirble sie. Ich drehe mich um sie oder ihn und drehe mich um mich selbst. Ich bin erfolgreich dabei oder ich bin es nicht. Ich bin erfolgreich oder ich bin nicht. Ich pflücke die blütenblätter der blume einzeln ab. Ich bin oder nicht. Noch ein blütenblatt. Ich bin oder nicht. Noch ein blütenblatt. Ich bin oder nicht. Bis keines mehr bleibt. Es ist ein zufallsprinzip. Und dennoch entscheidet es über mich. Jemand fällt ein urteil über mich. Jemand entscheidet über mich. Und ich kreise um sie oder ihn und um mich selbst und drehe mich und wende mich und verdrehe und verwirble mich. Ich muss diese person überzeugen, überreden, anwerben, abwerben, bewerben. Wenn ich diese eine bühne will, dann muss ich dieser person gefallen. Denn wenn nicht, dann fällt eine bühne weg, dann fällt auch die möglichkeit, meine arbeit zu zeigen, weg und ungezeigte künstlerische arbeit kann keinen tauschwert haben. Und somit hab ich als autorin diese einnahmequelle nicht und wenn es zu viele einnahmequellen werden, die ich nicht habe, dann bekomme ich ein finanzielles problem.

Dieser situation begegnet zunächst mein gesicht. Mein gesicht halte ich ihr hin. Mein gesicht steht bei alldem. Mein gesicht steht mit alldem. Steht mit mir und steht bei mir und an mir und steht vor mir. Mein gesicht ist das, was vor mir steht und das ich überall mit mir trage und das ich allen situationen hinhalte. Dieses gesicht, das an mir hängt, das mein vorzeigeschild ist. Ich trage es überall hin. Ich zeige es jedem und jeder. Ich halte es überall hin. Dieses gesicht kommt mit mir, es kann nicht anders. Es muss überall hin mit mir kommen. Es hat keine wahl. Es muss herhalten für alles, was ich mache, in allem, wo ich mich hineinbegebe.

Und wenn ich meine texte anbiete und mein gesicht dafür herhalten muss, für das, was immer als reaktion kommen mag und wenn ich meine texte anbiete und nicht meine texte relevant scheinen, sondern ich selbst, wer und was ich bin und wie ich so bin, wenn das über meine texte entscheidet, dann steht da wieder mein gesicht, das ich dieser situation hinhalte und das, was immer in dieser situation passiert, aushalten muss. Und wenn es so ist, dass ich nun irgendwas schlucken muss, herunterschlucken muss und mein schluck in meinem hals stecken bleibt wie bei einer fehlfunktion des schluckmechanismus, dann muss mein gesicht auch dem standhalten.

Auch wenn alle poren meines körpers ›nein‹ sagen, stehe ich da mit meinem gesicht und zwinge es standzuhalten. Ich bleibe in einer starren pose und verhalte mich dieser pose entsprechend. Ich passe mich an. Bis die gedanken abdriften aus dem moment und mich ins außen katapultieren.

Wie gehe ich mit solchen situationen um und wie gehe ich mit solchen leuten um, die mich in solche situationen bringen. Die mich zwingen, diese situation zu erleben, sie möglicherweise mitzutragen, mich dazu zu verhalten. Die mir mit ihrem eigenen verhalten mühen abverlangen, mir abverlangen, nach ihren regeln zu spielen, die sie gestalten können, wie sie wollen, und die sie ändern können, wie und wann sie wollen. Die mich in diese situation hineinziehen. Und wenn mir das alles zu viel kraft abverlangt. Wenn ich nicht an meine texte denke, sondern anfange, mich um die gunst einer person zu bemühen. Wenn ich anfange, um die gunst einer person zu werben, mich dafür zu bewerben. Wenn ich anfange, um die gunst einer person, um ihre aufmerksamkeit zu kämpfen. Wenn ich anfange, um die gunst zu buhlen. Wenn diese person mich zur buhlerin macht. Und wenn mir das kraft abverlangt. Kraft, die mich von meiner arbeit an meinen texten, der arbeit, die ich als meine eigentliche arbeit betrachte, ablenkt. Dieses buhlen raubt meine zeit und zwingt mich in situationen hinein, die mich gedanken, körperkraft und vielleicht auch graue haare kosten. Wenn ich diese kraft einfach nicht zur verfügung habe, wenn ich diese zeit und diese gedanken einfach nicht zur verfügung stellen will. Wenn meine texte nebensache werden.

Die frage nach geld steht bei kunst immer mit im raum, sobald die künstler:in mehr zeit in ihre künstlerische arbeit investiert als in den brotjob und nicht genug bleibt für die sogenannten brötchen, dann stellt sich ihr die frage nach dem geldwert der künstlerischen arbeit ganz akut. Es wird zu einer existenziellen frage. Und warum wird es immer in frage gestellt, ob kunst etwas kosten kann oder nicht? Warum darf ich geld für meine kunst verlangen? Sobald das künstlerische werk eine konsument:in hat, hat es einen tauschwert. Jeder tauschwert ist in dieser gesellschaft, in der wir leben, mit geld messbar. Nicht einmal eine kleine flasche wasser gibt mir ein fremder mensch umsonst. Warum soll mein künstlerisches produkt, das ich mit zeit und mühe schaffe, nicht diesem prinzip des tauschwerts folgen? Wasser fällt ja auch einfach so vom himmel und dennoch – wenn ich gutes wasser trinken will, dann werde ich zur kasse gebeten. Warum wird man nicht ebenfalls zur kasse gebeten, wenn man kunst erleben möchte, wenn man ein buch lesen will, wenn man eine lesung genießen will? (Ein konzert kriegt man ja in dieser gesellschaft, in der wir leben, auch nicht umsonst; aber der unterschiedliche umgang mit den verschiedenen künstlerischen sparten oder gattungen innerhalb der sparten bzw. ihr ›ansehen‹ ist eine ganz andere diskussion.)

Wenn ich um die gunst einer person buhle, geht es um eine anerkennung der arbeit, aber auch um die frage nach dem geldverdienen, denn, kann ich die gunst gewinnen, kann ich geld verdienen, kann ich mich finanziell über wasser halten, kann ich meine brötchen selbst bezahlen. Jede gatekeeper:in ist eine hürde, mit der man umgehen, um die man herum kommen muss, um seine arbeit weiterhin machen zu können, ohne in finanzielle not zu geraten. Der gedanke, ob das schreiben all das wert ist, geht mir von zeit zu zeit durch den kopf und der gedanke, dass ich so eigentlich nicht schreiben, nicht arbeiten will. Manchmal will ich nicht mehr schreiben, wenn der druck zu groß wird oder ich das gefühl habe, hier gefalle ich nicht, hier komm ich nicht weiter, hier komm ich als person nicht an. Und das nagt an mir. Ich versuche das immer abzuschütteln und weiter zu machen. Wie oft ich mir diese frage noch stellen werde, weiß ich nicht. Ob sich die antwort auf diese frage irgendwann ändern wird, weiß ich auch nicht. Ich weiß nur, die frage stellt sich. Sie schleicht sich immer wieder an.

Das anstrengende in künstlerischen berufen ist, dass man immer und immer wieder hunderttausend leute überzeugen muss. Man überzeugt nicht eine arbeitgeber:in mit seiner vita und seinen erlernten fähigkeiten. Nein, man steht vor unzähligen arbeitgeber:innen und muss jede:n einzelne:n überzeugen, immer wieder, bis ans ende der berufslaufbahn.

Bis vor ein paar jahren hab ich die meiste zeit von nebentätigkeiten gelebt. Einen anderen beruf als schreiben hab ich nicht gelernt. Meine vita mit nebentätigkeiten ist sehr lang. Nette menschen und interessante gespräche hab ich eigentlich immer gefunden, egal in welchem job. Menschen, die was zu erzählen haben, eine geschichte haben. Das ist nicht das problem. Von zeitungsaustragen und putzen, babysitten, kellnern und fabrikarbeit bis hin zu bürojobs hab ich so ziemlich alles schon einmal gemacht. Auch bin ich schon so ziemlich alle jobs durch, die man mit oder um das schreiben herum machen kann: werbetexten, lektorieren, redigieren, korrigieren, kuratieren, edieren, journalistisch schreiben. Das problem ist nicht, dass man keine jobs findet, um sich über wasser zu halten. Das problem sind auch nicht die jobs selbst. Das problem ist: Man kann nicht vollzeit in diesen jobs arbeiten, wenn man noch zeit zum schreiben finden will. Man muss immer einiges an stunden und tagen für das schreiben reservieren. Um den kopf freizuschütteln, um schreiben zu können. Dadurch ist das monatliche budget, das zur verfügung steht, ein kleines. Was einen wiederum zwingt, sehr spartanisch zu leben. Man ist so in einem studentischen dazwischen. Sowohl von dem, was man sich leisten kann, als auch in der wahrnehmung von außen. Die finanziellen schwankungen von monat zu monat könnte man anders gar nicht abfangen, wenn man nicht von grund auf sparsam wäre und seinen finanziellen ausgabenradius klein hielte. Solange man aber auch andere jobs hat, ist man von den einnahmen als autor:in nicht ganz abhängig und somit auch nicht davon, dass man immer überzeugen muss, immer und immer wieder. Aber wenn man nun einmal in der situation ist, dass man alle anderen jobs aufgegeben hat und nur noch das eine macht, dann macht sich die abhängigkeit auf eine andere art bemerkbar. Wenn ich nicht überzeuge, hab ich am ende gar keine einnahmen, muss einen neuen job finden, muss mich neu einarbeiten, eine umschulung machen, grundsätzlich umdenken.

Wenn die finanzielle sicherheit fehlt, dann steht beim schreiben nicht das blatt vor mir oder der laptop, dann steht vor mir diese rechnung und jene rechnung, lauter zahlen, die ich in meinem kopf hin- und herschiebe, um mir, wie man so schön sagt, meine brötchen leisten zu können. In manchen zeiten ist natürlich an brötchen nicht zu denken, da brötchen nicht mehr im budget sind, denn sie sind schon zu teuer.

Die finanzielle unsicherheit blockiert das gehirn. Es ist zu existenziell, als dass man sich auf andere dinge konzentrieren könnte, als dass man muße für irgendwas hätte, solange die finanzielle not andauert. Ich zumindest kann es nicht. Bei finanziellen engpässen leidet mein gehirn an einer künstlerischen vollblockade.

Finanzielle sicherheit ist ein segen für das schreiben. Mit geld im rücken schreibt es sich besser oder schreibt es sich überhaupt. Man rechnet nicht im kopf die rechnungen durch, die noch zu bezahlen sind, denkt nicht an den nächsten monat oder den übernächsten, die miete, den strom, das telefon, das essen. Man schreibt. Man hat den kopf frei. Man schreibt. Man kann sich auf etwas konzentrieren, das nichts mit zahlen zu tun hat. Man hat zeit zu atmen, zeit zu lesen, zeit zu denken, zeit zu schreiben. Wenn das geld fehlt, dann sieht man nur die lücke – im portemonnaie, auf dem konto, im dispo, den dispo und den dispo. Oder auch den kündigungsbrief der bank für den dispo. (Ich kann meine bank seitdem nicht ausstehen und gönne ihr keinen einzigen cent mehr, den sie mit mir verdient.)

In den momenten, in denen ich um die aufmerksamkeit der gatekeeper:in vor mir werbe, sehe ich mich von außen. Ich schaue auf jemanden, die so ist wie ich, so aussieht wie ich, so spricht wie ich, sich genauso bewegt, aber ihre gedanken sind unklar. Ich stehe im außen und versuche zu entscheiden, wie diese person denkt, was sie denkt über diesen moment, wie sie sich damit fühlt, für wen sie sich hält in diesem moment, ob sie diese person, die da steht und wirbt, sein will. Ich im außen soll darüber entscheiden, dafür bin ich in das außen getreten, dafür sind die gedanken ins außen verlagert oder vielleicht auch geworfen worden.

Ich versuche mit meinen gedanken bei der sache, im moment zu bleiben. Ich versuche nicht den moment zu analysieren. Ich versuche und lande da, wo ich jetzt gerade bin – hier in diesem text, in einem gedanken über den moment, im meta, in einem gedanklichen ort, wo ich nicht mehr in dem ort bin, an dem ich körperlich tatsächlich bin, sondern in einem gedanklichen daneben. Und das ist eigentlich auch schon der moment, wo ich die gunst meiner gatekeeper:in verloren hab, da ich nicht mehr in ihrer welt drin bin, sondern in einem außen. Da katapultiere ich mich mit meinen gedanken selbst hin. Da platziere ich mich. Das streben kippt zu einem widerstreben und führt mich immer wieder an den ort daneben. Ich bleibe weiterhin freundlich. Ich unterhalte mich weiterhin, aber der moment wird mir egal oder ich werde dem moment egal. Ich löse mich davon. Es ist zu viel kraft. Ich bräuchte dafür zu viel kraft, die ich nicht habe. Ich habe diese körperliche und gedankliche ressource nicht. Sie ist mir nicht gegeben. Ich habe die gunst nicht und ich habe die ressource nicht, um sie zu buhlen. Und damit bleibe ich im daneben. Und das ist – für einen kurzen moment fühlt sich das schlecht an, für einen moment dreht sich mir der magen. Für einen moment weiß ich nicht, ob ich das so will. Für einen moment weiß ich nicht, was ich will. Und dann nach einer kurzen pause von all dem, nach etwas abstand, weiß ich wieder, wo ich stehe und was ich will. Ich will da sein, wo meine texte zählen und nicht, wo meine person zählt. Und, ja, sicher bleiben mir auch türen verschlossen mit dieser haltung und das macht ein schlechtes gefühl im ersten moment oder auch einige zeit danach, aber es würde mich zu viel kraft kosten, an dieser sache dran zu bleiben. Zu lächeln, wo ich nicht lächeln will, mit leuten zu arbeiten, mit denen ich nicht arbeiten möchte. Das ist viel kraft, die mir abfließt, die mich schlapp zurücklässt, zweifel aufwirft, die nichts mit meinen texten zu tun haben, sondern mit mir als person und das ist mir zu viel, das bringt mich ins schwanken in meiner rolle als autorin und lockt den gedanken herbei, dass ich nicht mehr schreiben will.

Brotjob: ständiger Rollenwechsel, auch wenn du emotional wie ein gerupfter Vogel im Käfig stehst, sich zu einem Wildvogel projizieren, aus Nichts Glitzerillusionen gebären können. Das Träumen von Texten, Projekten, Büchern, die du noch verwirklichen willst.

Dinçer Güçyeter

O WELT, NIMM DIESE KUNST, GIB MIR DAS BROT, ICH BIN'S, DER KLEINVERLEGER, DER KOMPARSE DIESES GLITZER-BOLLYWOODS!

25. Januar 2021, 22:30 Uhr

Eben kam die Mail von Julia, Mitherausgeberin dieses Buches. Sie lädt mich ein, über den Brotjob zu schreiben, 600 € Honorar gibt es. Dafür zeigt man sich gerne nackt. Ich habe zugesagt, jetzt muss ich über die Form nachdenken.

05. Februar 2021, 07:10 Uhr

Ich hab mich entschieden, hoffe, ich schieße nicht zu sehr daneben. Yep, der große Dichter ist im Einsatz, her mit Puder und Make-up, macht die Scheinwerfer an, ich muss im Licht stehen!

08. Februar 2021, 07:30 Uhr

Mit Kaffee sitze ich auf dem Stapler, das Lager ist wieder kalt. Gleich kommt der erste Lkw-Fahrer aus der Ukraine, zusammen werden wir die Karre entladen, 26 Paletten stehen auf dem Lieferschein. Bis dahin habe ich Zeit zu überlegen, was ich im Gespräch mit dem Deutschlandfunk alles erzähle. Es müssen toupierte Sätze sein, diesen Blaumann darf keiner sehen, er ist ein Kostüm. Ich muss seriös wirken, unschlagbar, intelligent, erfolgreich. Weiß aber jetzt schon, ich werde verkacken! Seit Jahren versuche ich, dieses Etikett ›Verleger‹ ehrenvoll zu tragen. Ich hab dir ein Leben geschenkt, dafür darf ich dich töten, heißt es in der anatolischen Mythologie. So in der Art gehe ich mit diesem Etikett um. Wenn ich im Fotoalbum meiner Eltern blättere, sehe ich meine Mutter oben mit Kopftuch, unten Minirock. Sie wollte sich dem Westen anpassen, gab sich Mühe, doch egal wie kurz und modern der Rock auch war, in ihrem Blick konnte man das Mädchen aus der Steppe nicht übersehen. Der Minirock wirkte auf dem Foto wie ein montierter Flicken. Bei mir ist's ähnlich, egal was ich über die Bedeutung von Literatur erzählen werde, der Ruß auf diesem Blaumann wird alles andere überschreiben. Es klingelt, der Lkw steht vor dem Tor, der Fahrer ist ausgestiegen, mit einem Duschtuch über dem Arm, ein wenig enttäuscht. Alles Scheiße, Frauen nix da, Paradies zu, Deutschland so traurig! Er meint das Bordell um die Ecke, das seit Beginn der Pandemie geschlossen hat. Sein Spielplatz, wenn er fern der Familie unterwegs ist. Ich brühe Kaffee für ihn. Bevor wir mit dem Entladen des Lkws beginnen, poste ich bei Facebook die neuen Gedichtbände des ELIF VERLAGS: Unsere neuen Bestseller! O Welt, wie schön, aus Staub den Glanz zu zaubern.

10. Februar 2021, 12:45 Uhr

In einer Stunde habe ich Feierabend, ich werde meinen Blaumann im Schrank aufhängen, eine kalte Dusche nehmen, dann ab nach Hause. Zuerst werde ich wie immer mit Ayşe Kaffee trinken, ein wenig plaudern, danach werde ich am Schreibtisch sitzen, die Rolle wechseln, ein Verleger sein. Ümit, der Grafiker, hat in der Nacht die neuen Fahnen geschickt, sie wollen überprüft, die Bestellungen über den Web-Shop erledigt, die Rechnungen geschrieben werden. Wenn die Zeit es zulässt, will ich das Manuskript des jungen Dichters aus Chemnitz lesen, es scheint interessant zu sein. Sein Name ist mir nicht bekannt, er gehört also nicht zum Lyrikclan, kein Preis, keine Veröffentlichungen in diversen Literaturzeitschriften. Das ist schon mal prima, diese Typen bringen ihre Neugier mit, frisches Blut braucht von uns jeder, nur mit Literatureinheimischen zu produzieren: das ist auf Dauer anstrengend. Wenn das Geld schon nicht stimmt, sollte man sich den Luxus gönnen, etwas Neues auszuprobieren.

Natürlich stelle ich mir ab und zu die Frage, wieso ich mich für die Verlegerrolle entschieden habe. Statt dieses Minijobs könnte ich ja in der Industrie einen Vollzeitjob annehmen und hätte dieses ganze Palaver mit der Buchhaltung, mit Allüren der Szene nicht. Acht Stunden Arbeit würden reichen, statt hier vierundzwanzig Stunden lang – ja, auch im Schlaf geht's weiter – mit der Welt zu fechten. Wenn du mitten in der Programmgestaltung bist, kann diese Arbeit sogar zur Impotenz führen, du bist überall verloren, ja, und warum tut man sich das an? Sind es die Minderwertigkeitskomplexe, die Sucht nach Beifall, eine Masturbation vor Schaufensterpuppen? Mir fehlt die Antwort! Vielleicht ist es besser so, die Realität könnte sehr bitter ausfallen.

15. Februar 2021, 16:15 Uhr

Briefkasten entleert, die Steuerberaterin hat Unterlagen geschickt. Toll, nach der letzten vierteljährlichen Umsatzsteuervoranmeldung soll ich an das Finanzamt 419 € überweisen, an die Steuerberaterin 260 €, das macht insgesamt 679 € für die letzten drei Monate, was für ein Glamour-Geschäft! Die *Süddeutsche* schrieb letztens, dass sich die Gedichtbände in Deutschland im Durchschnitt 200 Mal verkaufen – wenn denn die Feuilletons mitspielen. Ziehen wir mal den Buchhandelsrabatt ab, so muss ich also ca. 70 Gedichtbände verkaufen, um diese Summe wieder reinzuschaufeln, über Grafiker-, Druck- und Logistikkosten reden wir noch nicht. Wo ist mein Handy? Ach, hier! Ich poste jetzt bei Facebook, dass es unsere letzten Gedichtbände wieder in die Bestsellerliste-Kategorie geschafft haben.

In den Neunzigern habe ich in Istanbul in einer Künstler-WG gelebt, ein Zimmer wurde einer Prostituierten vermietet. Am Frühstückstisch sagte sie mal: »Dinçer, ich bediene hier die Männer von der Arbeiterschicht, Bauarbeiter, meistens Tagelöhner, die jungen Männer bekommen sogar einen dicken Rabatt, viel bleibt davon nicht wirklich über, für diese Leistung müsste ich eigentlich in einer Residenz leben können. Mit dem Geld, das mir übrig bleibt, kaufe ich mir die teuerste Unterwäsche. Egal in welchem Sumpf du hängst, du darfst dich in diesem Beruf nie verwundbar zeigen, sonst bist du verloren.« Sie hat Recht, ihre Worte haben mir oft die Ehre gerettet in diesem Lyrikpuff. (Gott, Ehre! Was für ein Wort, haha!)

Ich hab's gepostet, der Gedichtband *gedanken zerren* von Özlem Özgül Dündar hat sich über 1000 Mal verkauft und ist jetzt in der vierten Auflage auf dem Markt. So, jetzt hab ich ein wenig Pelz, Jet, Diamant gezeigt, der Rest ist das Problem der Welt. Ich kann jetzt ruhig ins Bett gehen, morgen um fünf Uhr soll ich in der Halle sein und die Unterlagen für den Zoll erledigen, der erste Lkw wird um sieben Uhr vor dem Tor sein. Julia, Christoph, Kathrin, ihr Lieben, lieber Verbrecher Verlag, sorry für den Text, er wird immer dämlicher, aber nichts zu machen, Türkenkopf halt, şerefe. :)

16. Februar 2021, 03:40 Uhr

Bevor gleich das Boheme-Leben als Staplerfahrer beginnt, muss ich hier ein paar Lyriktüten fertig machen, am Nachmittag werde ich mit meinem Sohn an dem Puzzle basteln, ich hab's ihm versprochen, danach wollen Ümit und ich über Skype die Cover besprechen, dann ist der Tag auch schon vorbei. Die Umschläge wird Ayşe zur Post bringen, die Kundschaft will nicht lange warten, einige schreiben schon nach zwei Tagen, wo die bestellten Bücher geblieben sind. No problem, mit dieser Geschwindigkeit kriegen wir auch Amazon kaputt!

Gestern fragte die Cousine, ob ich meinen Job als Staplerfahrer hassen würde, es wäre doch ganz toll, wenn ich nur von der Literatur leben könnte. Ich weiß es wirklich nicht, ob das gut ginge, ohne einen Brotjob ging es bisher nicht, mir fehlt die Erfahrung. Ich mag die Firma und meinen Stapler. Stapler können sogar sehr inspirierend sein, dich vor allen Schwankungen der Szene schützen. Befreiend. So kannst du das Geld, was du mit Literatur einnimmst, wieder in den Verlag investieren, die Qualität jedes Jahr auf ein neues Level steigern. Wenn ich mich nicht irre, hat Louis Aragon geschrieben: Es gibt kein vollkommenes Leben.

17. Februar 2021, 08:40 Uhr

Der Freitag wird in zwei Wochen ein Dossier über mich veröffentlichen. Alexandru Bulucz, der das Gespräch mit mir geführt hat, schrieb eben, es gäbe noch Platz für ein Gedicht. Jetzt sitze ich auf dem Stapler und versuche was Heiteres zu finden. Die Wirklichkeit ist schwer, darüber zu sprechen noch schwieriger. Es klingelt am Tor, die Spedition aus Spanien will die 13 Paletten abholen.

Ich glaub, das hier soll es sein:

DIE MINI-MÖNCHE

Yılmaaaaaaaz!
bring du das Kind zum Friseur, morgen ist Zuckerfest
so hat die Cleopatra des Hauses befohlen
und schon saß ich mit Papa und mit anderen Papas & Söhnen in einem
Trimmsalon in der von Bergen umrahmten Provinz Anatoliens
ich will die Haare wie Jackie Chan sage ich zum Onkel Friseur
die Asche seiner Kippe ist fingerlang
jawohl, das kriegen wir doch locker hin röchelt er
und nimmt den mit Handhebel angetriebenen Clipper
rast damit 3 Minuten auf meinem Schädel hin und her
aber so sieht Jackie doch nicht aus
die Tränen auf meinen Wangen sind flusslang
Junge, richtige Männer heulen nicht
das hier ist das neunundachtziger Modell
Jackie ist ein altmodischer deutscher Hund
Papa bestellt mir zum Trost eine helle Cola

diskutiert mit anderen Papas eine halbe Stunde über Gott und
den Himmel
gemeinsam ziehen sie die Welt aus dem Dreck, stehen auf
und bringen ihre Mini-Mönche zu ihren Müttern

Der Lkw ist wieder weg. Notiz: Natürlich habe ich mit Alexandru auch über meinen Brotjob gesprochen. Die Fotografin für unseren Beitrag kommt morgen aus Köln. Die Bildredaktion hat ihr vorgeschlagen, ein Porträt auf dem Stapler zu machen, den Vorschlag hab ich abgelehnt: zu pornografisch.

Die Wirklichkeit ist schwer, darüber zu sprechen, ist schwieriger, sie in aller Nacktheit zu zeigen, das wäre Porno. Nein, nicht alles darf entzaubert werden ...

22. Februar 2021, 17:04 Uhr

Die härteste Brotarbeit ist für mich, im eigenen Milieu das falsche Kostüm tragen zu müssen. Vor drei Jahren machte das Kulturbüro Dortmund mir ein Angebot: ein Theaterprojekt mit Frauen mit Migrationserfahrung. Das Kulturbüro hat das Geld zur Verfügung gestellt, den Rest sollte ich mit dem Vereinsvorstand des Theaters klären. Drei Jahre sollte das Projekt laufen, Stundenlohn 80 € + Fahrgeld, gutes Geld. Drei Jahre könnte ich mich sorgenlos der Kunst widmen, hola! Habe eine Arbeitsplanung vorgelegt: die ersten sechs Monate Schreibwerkstatt, die Frauen sollten ihre Geschichten aufschreiben. Mit unerfahrenen Darsteller:innen ein Lorca- oder Tschechow-Stück zu inszenieren, geht oft in die Hose. Die einzige Rettung ist in solchen Fällen die Authentizität der Geschichten, da kann nichts schieflaufen. Im ersten Jahr lief alles sauber, es kam auch zu einer Vorstellung vor 500 Zuschauer:innen. Im zweiten Jahr kam der Vorstand mit der Idee, ein Stück über Rosa Luxemburg zu inszenieren. Mein Gegenvorschlag war, diese Frau mehr privat zu zeigen. Es gibt schon ein festes Bild von ihr, nochmal die überladene Mission, die ganzen Slogans auf der Bühne zu brüllen, das fand ich zu dünn. Die Reaktion des Vorstands war, so würde ich diese große Frau in eine enge Schublade stecken, ihren heiligen Kampf missachten. Meine Entgegnung, dass ich genau das Gegenteil vorhätte, sie von Klischees befreien und als Individuum mit allen Schwächen und Stärken zeigen möchte, wurde vom Vorstand als Macho-Eingriff abgestempelt. Zur nächsten Sitzung bin ich nicht mehr nach Dortmund gefahren, habe dem Amt und dem Vorstand geschrieben, dass ich meine Position als Projektleiter aufgebe. Auch die Literatur- und Theaterszene hängt noch an vielen Klischees, an vorgekauten Idealen. Eine Mitwirkung in diesen Kreisen sehe ich als eine Art Prostitution. Arm, aber ehrenvoll? Nein, wenn wir uns schon für dieses Gleis entscheiden, das ja sowieso schwierig ist, und dann noch unglaubwürdige Posen abgeben müssen, wird der Tanz einfach unerträglich. Dann lieber Stapler fahren, Geschirrspülen, an der Drehmaschine stehen!

25. Februar 2021, 23:50 Uhr

Heute kam die Zusage von der Kunststiftung NRW, meine Bewerbung für ein Werkstipendium wurde positiv bewertet. Erste Bewerbung um ein Stipendium, erste Zusage, so einfach darf es doch nicht sein. :) Eben, nachdem die Kinder ins Bett gingen, hat Ayşe für uns beide Mocca gebrüht.

Sie meint, ich soll mit der Chefin reden und für die acht Monate unbezahlten Urlaub beantragen, so könnte ich in Ruhe an meinem Text arbeiten. Ohne zu überlegen, habe ich ihren Vorschlag abgelehnt, dieser Minijob hat mir in den letzten Jahren so viel Freiheit geschenkt, die Chefin hat sogar einen Schreibtisch zur Verfügung gestellt, wenn nichts los ist, kann ich dort meine Mails abarbeiten, Papierkram erledigen. Jetzt ein Rückzug, das wäre nicht fair. Der zweite Grund: Mein Unterbewusstsein sagt mir, dass dieses Geld nur geliehen ist. Dafür gibt es zwei Anlässe.

– Ich habe zwischen 2013 und 2016 den niedrigeren Kindergartenbeitrag an die Stadtkasse überwiesen, 2016 bekam ich ein Schreiben, meine Einnahmen würden vom Finanzamt doch höher geschätzt (ich hatte damals keine Steuerberaterin), ich solle bitte 3.200 € nachzahlen. Ein Widerspruch hat nicht geholfen. In Raten abgezahlt.

– Anfang 2020 folgte eine Steuerprüfung des Finanzamts, die Einnahmen für 2018 waren doch 480 € höher als die für Kleinunternehmer verbindlichen 17.500 €. Für das Jahr 2018 sollte ich 2.300 € Umsatzsteuer nachzahlen, die Ausgaben aber durfte ich nicht absetzen, ach, Germany, the golden father!

Deshalb bin ich immer beunruhigt, wenn es mal finanziell ruhiger läuft. Ich würde mich also nicht wundern, wenn die Stiftung morgen vor der Tür steht und sagt: Herr Güçyeter, das erste Schreiben sollte nur für ein bisschen Aufregung sorgen, aber jetzt her mit dem Geld.

Scherz mal beiseite: Dieser Staat hat in mir den Gedanken eingepflanzt, dass ich als Selbstständiger in der Kulturbranche ihm immer was schuldig bin, immer ...

28. Februar 2021, 15:20 Uhr

2019 blieben mir zum ersten Mal 1.100 € als Gewinn übrig. Premiere nach acht Jahren ELIF VERLAG! Jeden Cent, der in die Kasse rollte, habe ich wieder in neue Bücher investiert, für einen besseren Druck, bessere Grafiken, Übersetzungen, Werbung etc., ohne den Brotjob wäre es nicht möglich gewesen. Ayşe und die beiden Kinder, jeder durfte sich damals zur Feier des Tages was wünschen, mit dem Restgeld habe ich bei meinem Buchhändler das Gesamtwerk von Thomas Bernhard bestellt. Ich fühlte mich wie der Scheich aus Katar. Eine Woche später sollte ich beim Literaturfestival Hausacher LeseLenz auftreten, habe kurz überlegt, ob ich einen Jet bestellen und fliegen soll, statt wieder im Zug zu sitzen. Das Problem war nicht meine Einbildung, habe ordentlich recherchiert, eine Landemöglichkeit in Hausach war leider nicht gegeben. Also doch die Deutsche Bahn mit allen möglichen Verspätungen nehmen.

03. März 2021, 02:10 Uhr

2013 hatte ich einen Brotjob als Spülkraft, im Waldgebiet an der niederländischen Grenze. Parallel dazu stand ich für das Stück *Rote Erde* im Schauspiel Essen auf der Bühne. Spülen ging bis 14 Uhr, danach schnell auf die berühmte A 40, mit etwas Glück saß ich um 16 Uhr vorm Spiegel in der Schminke. 20 Uhr Vorstellung, 22.30 Uhr Vorhang zu, abschminken, duschen, ab nach Hause. Die Inszenierung war erfolgreicher als erwartet und streckte sich durch die nächsten 18 Monate. Nach den ersten acht Monaten war ich durch den Wind. Von der Intendanz zu hören, die nächsten drei Vorstellungen seien ausverkauft, nächste Woche gebe es eine Zusatzvorstellung, 3sat nehme die Inszenierung auf oder wir seien auf das Festival in XY-Stadt eingeladen, war deprimierend. Jede freie Minute musste dem Verlag gewidmet werden! Als die Proben in Essen anfingen, war mein Sohn 18 Monate alt, als das Stück aus dem Programm gestrichen wurde, war er fast vier. Ich kann mich an keine einzige Minute erinnern, wie er groß wurde. Diese Lücke versetzte mich in eine traurige Stimmung. Wieder in einer schlaflosen Nacht suchte ich die Heilung, habe das Gedicht *der Junge ist heute Vater* geschrieben, es war das erste Gedicht für den Band *Aus Glut geschnitzt* (2017):

> ruhe nie im süßen Apfel, die Messer sind scharf
> ach … die Messer! sei nie der leichtgläubige Wurm
> sei Schnitt, sei Schlitz, sei Wunde
> heile dich mit eigenen Liedern …

06. März 2021, 05:02 Uhr

Brotjob: ständiger Rollenwechsel, auch wenn du emotional wie ein gerupfter Vogel im Käfig stehst, sich zu einem Wildvogel projizieren, aus Nichts Glitzerillusionen gebären können. Das Träumen von Texten, Projekten, Büchern, die du noch verwirklichen willst. Eine Garderobe, wo du dauernd in den Spiegel schaust und den Sinn deiner Arbeit hinterfragst: Mal siehst du dich in einem Wunderland, mal als Henker, mal als Opfer, meistens als Versager. Heute glaube ich daran, dass ich mir eines Tages mit literarischen Einnahmen eine Gucci-Badehose (Slip geht auch) und eine Yacht leisten kann.

Dabei reifte meine wichtigste Erkenntnis: Ich würde mich nicht mehr dem Arbeitsmarkt anpassen, sondern nur noch das tun, was mich interessierte. Mein Entschluss kam einer persönlichen Revolution gleich.

Johanna Hansen

DEN ATEM STILLEN ODER DAS BROT DER KÜNSTLERIN

Der Scherbenhaufen

... und? Können Sie davon leben?
Sehe ich denn heute wieder so verhungert aus?

Ich schreibe, seitdem ich schreiben kann. Daraus einen Beruf zu machen, kam mir lange nicht in den Sinn, denn schreiben war für mich gleichbedeutend mit atmen. Das änderte sich im Laufe der Schulzeit. Ich lernte den Umgang mit Sprache nach festen Regeln. Nach dem Abitur schrieb ich mich an der Universität Bonn für Germanistik und Philosophie ein. Die Fächer schienen mir die logische Konsequenz meiner Liebe zur Literatur und zur Sprache zu sein. Es gab zu der Zeit weder Literaturinstitute noch Studiengänge, in denen literarisches Schreiben vermittelt wurde. Wer schreiben wollte, der schrieb. Es hieß, dazu brauche man eine Berufung. Ein Beruf wäre das nicht, denn der Beruf der Schriftstellerin fiel wie alle künstlerischen Berufe unter die Rubrik ›brotlose Kunst‹. Meine zaghaften Versuche während des Studiums, außerhalb der Übungen und Vorlesungen Gedichte zu schreiben, fühlten sich dilettantisch an angesichts der Geistesgrößen, die die Bibliothek des Germanistischen und Philosophischen Seminars füllten. Ich konzentrierte mich deshalb darauf, *über* großartige Literatur zu schreiben statt der Entwicklung des eigenen Schreibens Raum zu geben und eignete mir eine Menge Fachwissen an. Am Anfang ahnte ich nicht, wie weit mich das Studium von meiner Sehnsucht wegführen sollte, nicht *über* jemanden, sondern *selbst* zu schreiben. Den Wunsch verstaute ich in einem unsichtbaren Geheimfach des Schreibtisches. Darüber türmten sich Referate und Klausuren.

Wie viele andere schloss ich nach dem Staatsexamen die Ausbildung zur Gymnasiallehrerin für Deutsch und Philosophie an. Dass ich am Ende des Referendariats nicht als Lehrerin in den Schuldienst übernommen würde, wusste ich am Anfang der Ausbildung nicht, denn der Einstellungsstopp für Lehrer trat erst im letzten Drittel des Referendariats in Kraft. Er traf mich und alle anderen meines Jahrgangs hart. Ich konnte mich nicht lange darauf vorbereiten nach Alternativen zu suchen und fiel nach dem zweiten Staatsexamen in ein rabenschwarzes Loch. Die Möglichkeit einer Promotion hatte ich am Ende des Studiums ausgeschlagen, weil ich an den Praxisbezug glaubte. Ich hoffte, im Kontakt mit Schülerinnen und Schülern herauszufinden, wie Sprechen und Schreiben jenseits des universitären Sprachgebrauchs möglich ist. Außerdem hatte ich das Gefühl, aus zwei Hälften zu bestehen, die nicht zusammenkamen: Intellektualität und Weiblichkeit. Meine Bildungsbiographie lag von der Volksschule an bis zum Staatsexamen überwiegend in der Hand von Männern. Ich lernte ihre Sprache, machte ihr Denken zu meinem. Wer ich unabhängig davon war, wusste ich nicht. Im Gegenteil. Ich setzte alles daran, mich genauso (männlich) auszudrücken wie sie. Mit denselben Worten, derselben Logik. Was ich mir davon erhoffte, war Akzeptanz. Mit Literatur von Frauen hatte ich bis dahin nur wenig Kontakt. Und es fehlte mir an positiven weiblichen Vorbildern. Es gab sie zwar, doch ich hatte mich im Studium fast ausschließlich mit Literatur beschäftigt, die von Männern geschrieben worden war. Ohne dass es damals ausdrücklich verbalisiert wurde, wusste ich: Literatur von Frauen zählt nicht viel. Ist allenfalls Frauenliteratur. Zweitklassig. Marginal. So wie wir.

Den Studiengang Philosophie als Hauptfach belegten damals nur wenige Studentinnen. Wir wurden, sobald wir es wagten, im Seminar etwas zum Thema beizutragen, meistens mit ironischer Nachsicht korrigiert. Ein Kommilitone, der in einer gemeinsamen Arbeitsgruppe einen Blick auf meine Handschrift warf, sagte: Wenigstens schreibst du nicht wie ein Mädchen. Ich tat alles, um ernst genommen zu werden, verhielt mich wie ein Mann, trug einen Herrenhaarschnitt. Wurde manchmal sogar für einen Mann gehalten. Im Schuldienst, so hoffte ich lange Zeit, würde sich alles ändern. Ich würde mich neu orientieren. Aber bevor ich das herausfinden konnte, wurde ich arbeitslos. Meine Lebensplanung zerfiel zu einem einzigen Scherbenhaufen. Beim Arbeitsamt erfuhr ich, dass ich *am Markt vorbei* studiert hätte. Jahre zuvor hatten Mitarbeiter des Arbeitsamtes mir als Abiturientin Hochglanzbroschüren in die Hand gedrückt, in denen stand: Werdet Lehrer. Aus dem Lehrermangel war mittlerweile ein Lehrerüberschuss geworden. Ich gehörte dazu. Gehörte zu den sogenannten geburtenstarken Jahrgängen, die bereits im Studium kaum in den Hörsälen und Seminaren untergebracht werden konnten. Wir waren immer zu viele. Mit dieser Erfahrung wuchs ich auf: in überbelegten Kindergärten, Schulklassen, Universitäten.

Mich in diesem *Zuviel* nach der Lehrerausbildung wieder einmal neu sortierend, schien mir der Journalismus die naheliegende Alternative zum Schuldienst zu sein. Ohne entsprechende Ausbildung fing ich ganz ›unten‹ an. Schrieb für lächerlich geringe Honorare von Schützenfesten bis zu alltäglichen Sinnfragen alles, was für die Leser verschiedener Anzeigenblätter vermeintlich wichtig war. Meine Artikel füllten die Zwischenräume der mit Werbung gepflasterten Seiten. Nach einiger Zeit erhielt ich das Angebot, für das überregionale Feuilleton einer Zeitung schlecht bezahlte Fernsehkritiken zu schreiben. Übers journalistische Schreiben lernte ich viel. Aber die Tatsache, dass meine Zeitungsartikel, kaum geschrieben, auch schon veraltet waren und in rasendem Tempo ihre Bedeutung verloren, um wie abgenagte Knochen im Papierkorb des Vergessens zu verschwinden für eine neue Sensation, ein neues Feature, machte mich atemlos. Unzufrieden. Löste einen Fluchtreflex aus. Nach kurzer Überlegung schlug ich deshalb das Angebot aus, fest für eine Zeitung zu arbeiten. Stattdessen versuchte ich es erneut als Lehrerin. Gab private Nachhilfe und unterrichtete im Angestelltenverhältnis »Deutsch für Ausländer«. Verdient habe ich dabei fast nichts. Der Arbeitseinsatz war hoch, das Ergebnis niederschmetternd. Ich sah, dass im Sprachunterricht viele auf der Strecke blieben, weil der Stoff sich unter den gegebenen Bedingungen nur schlecht vermitteln ließ. Die meisten Lernenden beherrschten die deutsche Sprache nicht einmal rudimentär und mussten binnen kürzester Zeit im einsprachigen Deutschunterricht, d.h. ohne weitere Vermittlersprache, in die Lage versetzt werden, Deutsch zu sprechen, um eine Chance auf dem Arbeitsmarkt zu haben. Ich sah ihre Verständnisschwierigkeiten, sah, wie schwer es für sie war, sich in Deutschland zurechtzufinden, sah ihre Verzweiflung, ihre Hoffnung und ihr Heimweh und wurde mit jeder Unterrichtsstunde von meinem eigenen Thema eingeholt: dem tief im Inneren vergrabenen Wunsch, mich literarisch ausdrücken zu wollen.

Ich hatte jedoch den spielerischen Umgang mit Sprache und die Vorstellung, dass schreiben dasselbe sei wie atmen, längst verloren. Dieser Verlust spiegelte sich in den Sprachversuchen meiner Schülerinnen und Schüler wider, die sich mit ihrer Muttersprache in

Deutschland nicht mehr zurechtfanden. Wir alle wollten *ankommen*. Doch das Gegenteil war der Fall. Ich bemerkte, dass ich bei dem, was ich beruflich tat, die kühne Idee, Schriftstellerin zu werden, vollständig aufgegeben hatte. Selbst wenn ich den Mut gehabt hätte, anzufangen mit dem Schreiben, ich würde auf jeden Fall kein Geld damit verdienen. Da war ich mir sicher. Die Vorstellung, einen ›richtigen‹ Beruf ausüben zu müssen, um unabhängig zu sein, war aber ein Dogma, mit dem ich aufgewachsen war. Finanzielle Unabhängigkeit hatte (für mich als Frau) oberste Priorität. Ich hatte meine Mutter vor Augen, die als Hausfrau und Mutter darunter gelitten hat, finanziell abhängig zu sein. Wäre ich nicht verheiratet gewesen mit einem gut verdienenden Mann, hätte meine Lebensgrundlage trotz all meiner Anstrengungen zu diesem Zeitpunkt und nach einer langen Ausbildung unter dem Existenzminimum gelegen.

Ich steckte in einem ausweglosen Dilemma. Mein Kopf dachte ›männlich‹ und der Rest des Körpers war ›weiblich‹. Dazwischen klaffte ein unüberwindlicher Graben aus Erziehung. In diesem Graben sich widersprechender Erwartungshaltungen steckte ich fest wie in einem Sumpf. Frauen meiner Generation war es zwar schon möglich, sich intellektuell auszubilden, aber sie wurden immer noch mit typisch weiblichen Rollenbildern konfrontiert und hatten kaum eine Chance, dieser Ambivalenz zu entkommen. Sie zerriss mich. Ich war eine Intellektuelle, die gleichzeitig für alle sozialen Familienbelange zuständig sein sollte. Das Resultat: Ich wurde schwer krank. Seit meiner Kindheit habe ich Asthma, nun geriet die Krankheit völlig außer Kontrolle. Was tun?

Der Zauberberg

… und? Können Sie davon leben?
Ich kann *ohne das* nicht leben.

Mein Gesundheitszustand verschlechterte sich so sehr, dass ich zunächst einige Wochen als Patientin in einer Klinik in Davos verbrachte. Wenige Monate später zogen mein Mann und ich ins Hochgebirge. Wir verbrachten letztlich drei Jahre in der Schweiz, lebten auf dem Zauberberg, als wären wir aus der Welt gefallen. Unser bisheriges Dasein löste sich auf in dünner Alpenluft und wurde zugedeckt von meterhohem Schnee. Der Winter dauerte sechs Monate im Jahr.

Es war ein Ausnahmezustand. Ich erfuhr zum ersten Mal, wie es sich anfühlt, ohne Atemnot leben zu dürfen. In einem hellen leichten Klima. Mit dem Geläut der Kuhglocken vorm Fenster. In einer Landschaft, die mir als Niederrheinerin völlig fremd war. Da ich in den ersten beiden Jahren keine Arbeitserlaubnis bekam und anfangs zudem zu krank war, verbrachte ich viel Zeit in der Natur. Während mein Mann eine Ausbildung zum Lungenfacharzt machte, schaute ich von den Bergspitzen hinunter ins Tal und auf mein bisheriges Leben. Es erschien mir als ein Desaster. In Davos konnte ich es abwerfen. Die Weite der Bergwelt veränderte mich. Ich wurde gesünder. In den ersten Monaten unseres Aufenthalts hatte ich noch halbherzig versucht, bei der örtlichen Zeitung Fuß zu fassen. Der Chefredakteur musterte mich von oben bis unten, als ich ihm meine Mitarbeit vorschlug. Dann fertigte er mich mit dem Satz ab: »Bei uns schreiben keine Frauen.«

Danach gab ich es auf, mich beruflich schreibend zu etablieren. Ich verstummte innerlich. Jahrelang. Die Verbindung zum Schreiben riss nahezu vollständig ab. Und vollständig auf mich zurückgeworfen, hatte ich das Gefühl, die Sprache verloren zu haben, in der ich aufgewachsen und ausgebildet war. Ich war keine Intellektuelle mehr. Streifte durch die Natur. Fast wie ein Tier.

Dabei reifte meine wichtigste Erkenntnis: Ich würde mich nicht mehr dem Arbeitsmarkt anpassen, sondern nur noch das tun, was mich interessierte. Mein Entschluss kam einer persönlichen Revolution gleich. Ich setzte dafür als erstes die für mich geltende Regel ›finanzielle Unabhängigkeit‹ außer Kraft. Der Weg war frei für einen neuen Anfang: die Malerei. Sie fing das auf, was in mir verstummt war: meine Stimme. Was ich damals nicht ahnte: dass ausgerechnet die Malerei, die ja wie das Schreiben zur ›brotlosen Kunst‹ zählt, mich später ernähren würde. Ich hörte der Stille zu. Lernte zu warten.

Ein Aquarellkasten fiel mir zufällig beim Aufräumen in die Hände. Ohne Anleitung oder künstlerische Vorbildung durch Schule oder gar Kunstakademie begann ich zu malen. Es war, als ob eine Tür sich öffnete, die am Ende des Referendariats krachend zugeschlagen war. Wer bin ich, wenn ich (als Frau) spreche? Dieser Frage ging ich nach. Bewegte mich zeichnend zwischen Schweigen und Sprechen. Im Laufe der Zeit entwickelte ich mich mehr und mehr zur Malerin. Suchte Rat und Unterstützung bei Kolleginnen und Kollegen, besuchte Kurse, hielt mich häufig in Museen auf, bildete mich auf vielfältige Art und Weise fort. Ich dachte dabei nicht an eine berufliche Neuorientierung, sondern nur daran, etwas zu tun, was ich liebte. Gleichzeitig begann ich, erstmals systematisch, Literatur von Frauen zu lesen. Am Anfang standen Simone de Beauvoir, Virginia Woolf, Katherine Mansfield. Marlene Streeruwitz, Ingeborg Bachmann. Dann Lyrik von Sarah Kirsch, Rose Ausländer. Friederike Mayröcker. Monatelang zerschnitt ich Zeitungen, saß zwischen Blätterhaufen auf dem Boden, schob die Schnipsel hin und her und ordnete die ausgeschnittenen Wörter neu. Collagen entstanden. Später übte ich automatisches Schreiben. Es war, als ob ich ganz neu sprechen lernte. Dann schrieb ich auf meine Bilder. Oder parallel dazu. Meist spontane Gedankenfragmente.

Mein Mann und ich lebten mittlerweile in Düsseldorf. Ich unterstützte ihn in seiner Tätigkeit als Arzt, organisierte seine Praxis und arbeitete anfangs auch dort im Labor. Wann immer ich Zeit hatte, nahm ich die Gelegenheit wahr, die Kunstszene zu studieren. Ich lernte im Schneeballsystem. Schärfte meine Sinne. Schließlich wagte ich mich mit meinen Bildern nach ›draußen‹. Eine meiner ersten Bewerbungen war die Große Kunstausstellung NRW im Museum Kunstpalast in Düsseldorf. Das Bild, das für die Ausstellung angenommen wurde, fand sofort einen Käufer. Das nahm ich zum Anlass, mich nicht mehr als Hobbymalerin, sondern als Künstlerin zu begreifen und weiter zu professionalisieren. Ein Schlüsselerlebnis. Als erstes suchte ich mir ein Atelier. Bis dahin hatte ich zu Hause auf dem Küchentisch gemalt. Mein neuer Beruf brachte mir anfangs kein Geld ein. Das war mir egal. Ich konzentrierte mich auf Einzelausstellungen und Ausstellungsbeteiligungen. Bewarb mich bei Künstlervereinen. Gab Malkurse in meinem Atelier. Konnte beim Unterrichten Erfahrungen aus meiner Lehrerausbildung anwenden. Die Inhalte waren zwar völlig andere, aber der Umgang mit dem Stoff und den Schülerinnen fiel mir leicht. Meine Bilder fanden gelegentlich Liebhaber, die bereit waren, dafür zu zahlen. Irgendwann interessierten sich mehr und mehr Menschen für meine Arbeiten, darunter auch Kunstsammler. Ich hatte sie bei Ausstellungen kennengelernt. Diesen Sammlern verdanke ich viel. Sie verhalten sich ähnlich wie Mäzene, kaufen seit Jahren immer wieder Bilder bei mir, beauftragen mich mit Projekten und empfehlen mich weiter. Das hat dazu geführt, dass ich mittlerweile – über die Jahre gerechnet – über ein eigenes Einkommen verfüge, das zwar nicht allzu hoch ist, mir jedoch den größten Luxus erlaubt, den das Leben für mich bereithält: zu schreiben.

Das Brot der Künstlerin

... und? Können Sie davon leben?
Ja. Ich bin eine Überlebenskünstlerin.

Erst nach meinem 50. Lebensjahr hatte ich den Mut, meine Texte zu veröffentlichen.

Mit der Sicherheit eines zweiten künstlerischen Berufes im Rücken, der mir ermöglicht, auf Brotjobs verzichten zu können, lebt es sich sehr frei. Ich muss keinen Spagat machen zwischen einem geregelten Berufsleben und der künstlerischen Arbeit. Diese Unabhängigkeit genieße ich sehr.

Die Realität verlangt einer Autorin trotzdem vieles ab. Vor allem Unbeirrbarkeit und Durchhaltevermögen. Kenntnisse, wie man sie als Freiberuflerin braucht. Ich fühle mich oft wie eine Kleinunternehmerin, die Marketing und Risikobereitschaft, Flexibilität und Fantasie ebenso nötig hat wie andere selbstständige Berufszweige.

Da ich vor allem Gedichte und Kurzprosa schreibe, weiß ich, dass der ›Markt‹ dafür sehr überschaubar ist. Es ist nicht leicht, sich im Kulturbetrieb zurechtzufinden. Eigentlich war ich viel zu alt, um als Autorin Fuß zu fassen. Aber das bekümmerte mich nicht. In den ersten Jahren schrieb ich fast ausschließlich Texte, in denen es ums ›Sattwerden‹ ging. Es ging um nichts weniger als um den Eros des Schreibens. Mein Verlangen nach Poesie war groß. Jetzt konnte ich es endlich stillen, weil ich verstand, dass jede Schreibende, wie Prometheus, selbst den Göttern das Feuer stehlen muss, um sich eigenes ›Brot‹ zu backen. Doch wer möchte schon gern Diebin sein? War das die Strafe dafür, sich einen künstlerischen Beruf anzumaßen? Diese Schuldgefühle lernte ich auszuhalten. Um den Umgang mit Netzwerken und anderen Formen der Öffentlichkeit zu erwerben, suchte ich mir Hilfe bei Fachleuten. Mein künstlerischer Brotberuf, die Malerei, ist mittlerweile die ideale Ergänzung zur Praxis als Autorin. Ich schreibe *zu* meinen Bildern und *auf* meine Bilder. Kann meinen künstlerischen Neigungen und Interessen nachgehen ohne große Einschränkungen durch Tätigkeiten, die mich davon entfernen oder Unterbrechungen erfordern würden. Ich bin nicht mehr atemlos. Das alles ist ein großes Glück.

Seit zwölf Jahren veröffentliche ich Texte in Anthologien, Literaturzeitschriften, auf Literaturplattformen und als Einzelpublikation. Seit 2013 bin ich Mitherausgeberin einer Literaturzeitschrift. Damit lässt sich nichts verdienen. Im Gegenteil. Nach schwierigen Anfängen sind wir froh, dass die Zeitschrift sich inzwischen selbst trägt.

Aber weil ich häufig Gedichte und Bilder kombiniere und dadurch aus dem Rahmen des Üblichen falle, kann ich auf Ausstellungen und Lesungen meine Arbeiten immer häufiger verkaufen. Die Basis meiner Interessenten hat sich auch durch Poesiefilme und Künstlerbücher und durch gemeinsame Performances mit Musikerinnen erheblich verbreitert.

Ich weiß nicht, wie es sich anfühlt, gesund zu sein. Aber ich weiß, wie es sich anfühlt, künstlerisch zu überleben. Dahinter möchte ich nicht zurück.

Ich bin in einer Position, in der ich mich fürchten muss. Es gibt kein Netz, das mich auffängt, wenn ich scheitere. Ich kann nicht nach Hause und dann in den Betrieb meiner Eltern einsteigen. Ich kann nirgendwohin zurück.

Adrian Kasnitz

AUF DEM BRETTCHEN

Ein Brotjob wird oft dem Traumjob als Begriff gegenübergestellt. »Wie zufrieden bist du mit deiner Arbeit?« und »Ein Brotjob kann eine Chance sein!« lauten die ersten Treffer bei der Online-Suche. Brot ist langweilig, Träumchen ist schön, denkt man. Der Traumjob, so die Annahme, ist im kreativen Bereich angesiedelt, irgendwo zwischen Kunst und Hobby, aber immer das, wozu man sich eigentlich berufen fühlt, während der Brotjob für den Broterwerb, also für den Ernst des Lebens steht, das aus Arbeiten, Wohnen und Essen besteht. Die ultimative Essenz davon erleben wir alle jetzt in der Pandemie.

Mein Begriff ist es nicht. Es fängt bereits mit dem Brot an. Dem Brot wird unterstellt, langweilig zu sein, dabei ist es das beste Lebensmittel überhaupt. Und ich muss an diese ewigalten Russen denken, die sich von Wasser und Brot ernähren und nebenbei die 100-Jahr-Marke knacken. Gutes Brot ist etwas sehr Wertvolles für mich, war früher manchmal das Einzige, was wir zu Hause auf dem Brettchen hatten (*Brot und Marmelade*) und passt gar nicht so recht zu dem Bild, das »Brotjob« vermittelt: Man muss arbeiten und Geld verdienen, um in dieses bürokratische System zu passen, in dem wir leben. Brot ist Duft, ist Liebe. Und ich versuche mir vorzustellen, wie mein Brotjob auf dem Brettchen liegt. Wie gesagt, mein Begriff ist es nicht, aber es liegt nicht daran, dass ich solche Geldbeschaffungsjobs nicht kenne, ganz im Gegenteil.

Während ich dies schreibe, schickt mir ein befreundeter Schriftsteller einen Witz: Er verdiene zwar sein Brot mit dem Schreiben, aber für den Aufstrich reiche es nicht. Deshalb bräuchte er auch noch einen Aufstrichjob.

Hier soll ich über Herkunft und Verhältnisse schreiben. Aber wem tue ich da einen Gefallen? Soll ich über die Geschichte meiner Eltern schreiben? Die verlassen eines Tages mit drei Kindern im Gepäck den Wald und schlagen mit leeren Händen in Nordrhein-Westfalen auf, um später als Hilfsarbeiter oder Gesundheitspflegerin zu schuften. Der eine bleibt lebenslang leseunkundig und jahrelang arbeitslos, die andere ruiniert sich durch Nachtschichten die Gesundheit. Über ihr Glück oder Unglück sagt das rein gar nichts aus. Sie beklagen sich nicht. Und wenn ich über bescheidene Verhältnisse schreibe, soll es keine Klage sein, will ich keinen Anspruch auf etwas erheben, sondern darstellen, aus welcher Position Kunst und Literatur entstehen.

Vergleicht man das durchschnittliche Einkommen als Künstler:in mit dem durchschnittlichen Einkommen anderer Erwerbstätiger, wird die prekäre Lage von kreativen Berufen schnell klar. Stand Januar 2021 hatten die Mitglieder in der Berufsgruppe Wort bei der Künstlersozialkasse (KSK), die dort die erfolgreichste Berufsgruppe ist, ein Durchschnittseinkommen von 21.213 € (Männer: 24.206, Frauen: 18.731). Mit einem Nettoeinkommen von 1301 € pro Monat gilt man laut europäischer Definition von Einkommensschichten übrigens als »normal«. Der Bruttolohn aller vollzeitbeschäftigten Arbeitnehmer:innen lag 2019 im Schnitt bei 3994 € (Zahlen nach Statista), das durchschnittliche Einkommen aller Arbeitnehmer:innen inklusive aller geringfügig Beschäftigten bei 2079 €. Ausbildung und Anspruch von Künstler:innen bewegen sich oft auf dem Niveau von Besserverdienenden, die Realität aber stellt sie auf die Stufe von geringfügig Beschäftigten.

Füllt der Brotjob diesen Gap zwischen den Durchschnittswerten? Erfüllt er den Wunsch nach einem Mindestlohn, den es bei selbständiger Arbeit nicht gibt? Die Künstlerkolleg:innen, die ich kenne, bewegen sich oft weit unter dem Durchschnitt. Man müsste schon dreizehn Lesungen à 300 € (vom Verband deutscher Schriftstellerinnen und Schriftsteller empfohlenes und seit vielen Jahren nicht angehobenes Regelhonorar) pro Monat haben, um auf den Vollzeit-Durchschnittswert zu kommen. Die dreizehn Lesungen bringt vielleicht ein gut gelaunchtes Buch zu Beginn – aber dann? Das monatlich, jährlich oder lebenslang zu denken, ist im Literaturbereich kaum möglich. Zwanzig Lesungen à 200 €, vierzig Texte à 50 € ... um mal realistische Honorare zu nennen. Ganz zu schweigen von Dienstwagen oder der Bahncard 100, die wir, die ständig unterwegs sein müssen, niemals bekommen. Durchschnittswerte machen einen Vergleich möglich, erzählen aber nichts über einzelne Situationen, die davon gravierend abweichen. Auch im Literaturbereich verdienen einige wenige viel und viele wenig. Die Fokussierung des ganzen Systems auf wenige Spitzentitel verläuft parallel zur gesamtgesellschaftlichen Situation, in der Superreiche immer reicher werden – zu Lasten des Großteils der Gesellschaft. Wenn die Ressourcen beschränkt sind (und hier sind so verschiedene Dinge wie Verkaufszahlen, Anzahl der Besprechungen, Auftrittsmöglichkeiten, Auszeichnungen und Preissummen gemeint), wird der Erfolg der einen immer auf Kosten der anderen produziert.

Der Kölner Künstler und Dichter Tobias Schulenburg hat seine Biographie in seinem Debütband *es sich schön machen* (2020) als

Einnahmen-Ausgaben-Rechnung dargestellt. Für 2019 kommt er auf monatliche Ausgaben von 1026 € und Einnahmen von lediglich 969 €, darin enthalten 11 € Einnahmen durch Kunstverkauf und 5 € Lesungshonorar. Damit liegt er zwar über der Armutsgrenze, die bei 781 € liegt, kommt aber faktisch nur durch zusätzliche Zuwendungen wie Geldgeschenke von Angehörigen über die Runden. Fälle wie diese sind nicht selten und werden natürlich in keiner KSK-Statistik geführt, weil sie unter den Zugangsbeschränkungen für eine Aufnahme liegen.

Soll ich darüber schreiben, wie viel ich immer dazuverdienen musste? Schon das *dazu* stört mich. Wenn man aus keinem wohlhabenden Haushalt kommt, stellt sich die Frage nicht, ob man etwas dazuverdienen muss, *dazu* zum Nichts. Jeder Schritt aus der Abhängigkeit wird nur durch eigenes verdientes Geld möglich. Deshalb sind Kunst und Literatur ein schlechtes Terrain für mittellose Leute. »Sie als mittelloser Mann«, werde ich einmal von einer betuchten Dame bei einer Lesung in München angesprochen – und es schwingt Bewunderung und Augenreiben mit –, »... dass Sie es bis nach Schwabing geschafft haben, schier unglaublich!« In den 1990er Jahren, als ich Abitur gemacht und studiert habe, waren – zumal in NRW – die sozialen Schichten durchlässiger. Seitdem hat sich das Rad weitergedreht: »Von hundert Kindern, deren Eltern keine Hochschule besucht haben, beginnen nur 21 ein Studium, schaffen nur 15 einen Bachelor, machen nur 8 bis zum Master weiter – und nur eine einzige Person erlangt den Doktorgrad« (*Die Zeit* 22/2017). Eliteunis, Kunsthochschulen und Literaturinstitute mit noch strengeren Zugangsbeschränkungen verstärken die Ab- und Ausgrenzung.

Wem hilft es aber, wenn ich die Hosen runterziehe? Versteht man mich dann besser? Verkauft sich dann mein Roman? Ich fürchte eher Spott, fürchte eher die Trennung. Später zeigen dann alle auf mich und fühlen sich bestätigt: »Ich wusste es schon immer, der und der und die und die gehören nicht zu uns.« *Uns* meint dann eine privilegierte bürgerlich-wohlhabende Schicht mit akademischem Hintergrund, die die Mehrheit im Kulturbereich ausmacht und vor allem in den Machtpositionen zu finden ist. Ich bin in einer Position, in der ich mich fürchten muss. Es gibt kein Netz, das mich auffängt, wenn ich scheitere. Ich kann nicht nach Hause und dann in den Betrieb meiner Eltern einsteigen. Ich kann nirgendwohin zurück.

Ich werde das Brot essen und lieber zwischen literaturfernen und -nahen Jobs unterscheiden. Meine literaturfernen Jobs waren zum Beispiel in der Elektro- und Fahrzeugindustrie (*keine Raucher- und keine Pinkelpause, das bedeutet: fast angekettet am Band*), in der Galvanik (*der vom Betrieb gestellte Kakao zur Entgiftung ist zugleich die Gefahrenzulage*), im Stahlwerk, in der Putzkolonne der Pathologie, bei Probebohrungen im Wald, als Hausmeister, als Kabelträger beim WDR, als Komparse beim Film – und auch wenn einmal *Jahrestage* von Uwe Johnson verfilmt wurde, zähle ich es hier zu den literaturfernen Tätigkeiten. (*Übrigens: Bei der Kinopremiere des TV-Films hatte ich Pressekarten, saß damit zugleich am anderen Ende der Verwertungskette und kostete vom Premierenbüffet und Catering am Set gleichermaßen.*) Ich war Wissenschaftliche Hilfskraft, Wissenschaftlicher Mitarbeiter, auch Politikberater, Lokalpolitiker, Aufsichtsrat (*Sie bemerken sicherlich den sozialen Aufstieg in dieser Aufzählung*), ganz zu schweigen von den Jobs im Kulturbereich, von unbezahlten Praktika oder der Freien Mitarbeit bei Lokalzeitungen, die einem den

Weg in die Kultur öffnen sollen, aber oft auf Ausbeutung fußen, auf Abstellgleise führen.

Auch die literaturnahen Jobs, die ich jetzt ausübe, sind vielfältig, machen mich zu einer multiplen Person: Lektorat, Juryarbeit, Festivalorganisation, Workshops und Austauschprogramme, Übersetzungen, Veranstaltungen, Moderationen, Rezensionen, Essays, literarische Beratungen. Für einen Schriftsteller sind das viele Nebentätigkeiten, wo ja der eigentliche Job schon zwei Seiten hat und zwei Fähigkeiten erfordert: schreiben und vor Publikum lesen. Ganz zu schweigen vom Recherchieren, Bewerben, Vermarkten usw. Schriftsteller:innen sind auf vielen Nebenfeldern unterwegs. Denn wie wenig wir Dichter:innen mit einem veröffentlichten Gedicht verdienen, muss ich nicht sagen. Wie wenig die Künstler:innen verdienen, während der Kultur- und Literaturbetrieb Arbeitsplätze mit monatlichem Einkommen schafft, von denen die Künstler:innen am wenigsten profitieren. Natürlich geht es nicht ohne Institutionen, aber manchmal könnte man meinen, sie gehen eher zu Lasten der Künstler:innen. Und der Künstler? Ist dann der ausgestellte Exot. Darin liegt das Machtgefälle. Der Künstler ist der sich ausstellende Idiot (*sagen böse Zungen*).

Mein bester literaturferner Job: Bei Aufsichtsratssitzungen eines kommunalen Unternehmens nicke ich nur und kassiere. Ich sage fast nie etwas, weil auch die Kolleg:innen nie etwas sagen. Nicht weil keiner Ahnung von der Materie hat, sondern weil man es sich leicht machen möchte. Alle Mitglieder kommen pünktlich zur 30-minütigen Sitzung, holen sich ihr Frühstück (vom Niveau her irgendwo zwischen Catering und Premierenbüffet), nicken, stimmen zu und gehen wieder. (*Übrigens: Eine Kollegin aus dieser Zeit ist jetzt Ministerin in einer Landesregierung.*)

Mein bester literaturnaher Job: eine kurze Lesung beim Sommerfest einer Kölner Stiftung. Für nur zehn Minuten Lesezeit gibt es damals 400 Euro (das ist Anfang der 2000er Jahre viel, siehe Regelhonorar). Hochgerechnet ergibt das natürlich einen schönen Stundenlohn. Heruntergerechnet auf die wenigen Auftritte, die man im Leben als Künstler:in hat, sind das »Peanuts«, wie mein Vater sagen würde, der ungelernte, nicht lesekundige, aber bestens informierte Nicht-Arbeiter in meiner Familie. Ich lese damals ziemlich drastisch-realistische Gedichte, die nicht wirklich zur Feststimmung passen. Mit einem Text, in dem die Namen einiger Kölsch-Brauereien durchdekliniert werden (*»ich versünnere mich«*), rette ich zum Schluss das Sommerfest und vermutlich auch mein Honorar.

Steckt nicht in jeder Tätigkeit immer beides, der Leckerbrot- und der Alptraum-Job? Und sollte das eine besser nicht gegen das andere ausgespielt werden? Kreativität und Erfüllung, Routine und Frust sind jeder Arbeit immanent (Zwangsarbeit einmal ausgenommen). Die selbständige Arbeit eines Künstlers erfordert ein hohes Maß an Selbstorganisation, die in keinster Weise so frei und wild ist, wie aus der Ferne so gerne vorgestellt. Und schafft nicht erst ein Brotjob die Freiheit für Kunst jenseits von finanziellen Interessen?

Bin ich als Künstler nicht eigentlich der Hausmann in meiner Beziehung, so wie mein Vater schon der Hausmann in seiner Beziehung war? Eigentlich kann ich nur schreiben, weil ich verheiratet bin. Weil meine Frau das sichere Einkommen hat. Weil wir als Paar mit Kindern nicht ohne diese Sicherheit leben wollen. Hausmann sein bedeutet aber auch, auf einige Dinge zu verzichten, die Schriftsteller:innen tun können, um Geld zu verdienen und Anerkennung zu erhalten: sich um Aufenthaltsstipendien und Künstlerresidenzen zu bewerben, die immer weit weg und meistens in einem Kaff liegen. Als Elternteil kannst du aber nicht einfach weg sein, nicht für einen Monat, geschweige denn ein halbes Jahr. Vielleicht ist eine Woche drin, ausnahmsweise. Und selbst dann summt ständig das Telefon.

Soll ich davon berichten, dass ich mich schäme, meinen Eltern von der Lotterie der Literaturpreise und -stipendien zu erzählen? Von diesen Glücksfällen, die, wenn sie eintreffen, nach so leicht verdientem Geld riechen, dass es mir peinlich wird? Meinen Eltern ist das völlig schnuppe, womit ich Geld verdiene, aber gegen Unehrlichkeit haben sie etwas. Als sie (*wirklich*) zur Verleihung meines ersten großen Literaturpreises anreisen – und Kinder aus einem ähnlichen Milieu, deren Eltern nie bei irgendetwas, sei es ein Fußballspiel, sei es die Theateraufführung, aufgetaucht sind, werden gut verstehen, wie außergewöhnlich ihre Anwesenheit im Hansasaal des historischen Rathauses in Köln ist, wo früher die erlauchten Ratsherren über Bündnisse mit anderen Hansestädten berieten –, muss ich sie kurz beiseite nehmen, um sie auf meine Lesung einer Kurzgeschichte mit pikanten Sexszenen vorzubereiten. Da sagen sie nur: »Wenn du so dein Geld verdienst!« und zucken mit den Schultern. Ich könnte mich auch anders prostituieren.

Braucht Schreiben nicht einen realitätsnahen Job, um die Lebenswirklichkeit von Menschen zu erfahren und abbilden zu können? Braucht man nicht den Einblick in das »echte« Leben, um sich Lebenswelten nicht nur für kurze Zeit anzueignen und dann wie ein Kostüm wieder fallen zu lassen?

Braucht Kunst nicht Freiheit und eine Grundsicherung? Wenn es eine Online-Petition dazu gäbe, würde ich unterschreiben. Eine Grundsicherung ist für alle gut und darf auch Künstler:innen einschließen. Kunst braucht aber mehr als das. Kunst braucht Erleben,

Erfahrung, das Ungeplante, die Unschärfe, die Krise und ihre Überwindung. Zeiten von Erfolg und Niederlagen wechseln sich ab. Es wäre nur gut, wenn sie nicht gleich existenzbedrohend ausfallen müssten.

Der ewige Streit zwischen meiner Frau und mir geht so: Sie kommt vom Dienst, sieht das Chaos in der Wohnung, die unaufgeräumte Küche samt Brettchen vom Frühstück und schaut so, als würde sie gleich explodieren. »Was hast du bloß den ganzen Tag gemacht?«, lese ich in ihrem Gesicht. Ich zeige auf den Laptop. Ich nenne das Arbeit, wenn ich schreibe, wenn ich in andere Städte reise, lese, diskutiere, mit Kolleg:innen quatsche und die Nacht durchfeiere. »Wenn ich das im Dienst machen könnte!«, ruft sie dann. »Dichterärsche!«

Zwei Stunden am Morgen für den Hinweg, zwei Stunden am Abend für den Rückweg: Was für eine Verschwendung an Lebenszeit, was für ein Gewinn! Jetzt bestärkte mich in meinem Zweifel an der Sinnhaftigkeit einer künstlerischen Existenz auch noch die Kraft des Faktischen.

Ulrich Koch

ÜBER DIE VERHÄLTNISSE

Wer nicht arbeitet,
soll wenigstens gut essen.
Gerhard Koch

DIE FALLE

Nachdem mein Vater mich geschlagen hatte,
saß er in der Küche und weinte.
Er war mir auf der Treppe nach oben gefolgt
und hatte mich auf der letzten Stufe gefasst.
Da saß er nun am Tisch unter Tränen,
die Arme zwei Kufen auf dem Holz,
eingeklemmt zwischen ihnen der Kopf,
über diesem zusammengeschlagen die Hände,
links, rechts, rechts, links,
die Finger verknotet wie zum Gebet.
Tröstend lief meine Mutter
hin und her zwischen uns.
Voller Sehnsucht und Liebe
blicke ich darauf zurück.

Satzung

Ein Leben lang bedrückt mich meine überglückliche unterprivilegierte Kindheit: So erkläre ich es mir, dass ich kein Schriftsteller geworden bin. Ich bin keiner und werde auch keiner mehr. Oder etwa doch, und ich habe es nur nicht gewollt? Denn vor nichts habe ich mehr Angst, als über die Verhältnisse zu leben. Gleich danach kommt die wie überlebensgroß erscheinende Aufgabe, als Lyriker über sie Auskunft zu geben. Denn: Wie anmaßend, zu schreiben, denke ich oft. Und: Wie überheblich, es nicht zu tun. So verstand ich mich unter den Gesamtwerktätigen schon immer nur als Werktätiger. Ich schreibe zwar und verstehe mich doch nicht als Schreibender im Sinne eines sozioökonomisch erfass- und messbaren Status noch als selbstverfasste Identität einer künstlerischen Existenz. Warum bin ich dann hier? Wer will das wissen? »Ich werde jetzt so einfach sprechen, dass auch die Erwachsenen verstehen«, schrieb Pentti Saarikoski in seinem großen Poem *Die Tänze der Dämmerung*. So wollte ich immer schreiben und will es immer noch und heute tue ich es hiermit. Ich lasse es geschehen. Denn der Wille zum Gedicht hat sein Ende schon überschritten. Und der Wille zum Dichterleben ist schon das Ende vom Lied. Einmal, als ich noch viel las, als ich noch las, las ich einen Text eines Schweizer Schriftstellers, in dem ein Wort das andere gab. Nichts schien geplant, die Sprache fand statt wie vorhergesagt. Geschehnisse reihten sich an Erinnerungen und wurden von Träumen überholt. Wenn ich heute und hier davon berichte, dann so: unmittelbar. Damit Ihr wisst von mir und ich etwas durch Euch über mich erfahre.

Verlustvortrag

Wenn ich bei Google nach meiner eigenen »selbstverschuldeten Unmündigkeit« recherchiere, wird mir auf halbem Wege als Treffer »Selbstversorgung aus der Natur mit essbaren Wildpflanzen« angeboten. Das passt schon. Denn ich sehne mich nach dem wilden Denken und Schreiben. Ich will verwildern. Die Verwilderung wäre die höchste Verfeinerung meiner Sitten, die ich mir vorstellen kann. Zu schreiben war mein Traum, allein von der Sprache vom Mund in die Hand zu leben seine Erfüllung gewesen. Warum habe ich es nicht getan, ich war doch frei in meiner Entscheidung? Die einfachste Antwort auf meinen Ist-Zustand ist bis heute jene, die ich mir auf diese selbstgestellte Frage immer gebe: meine Herkunft. Wenn ich mir erklären will, warum ich nicht den Schritt in die Freiheit des Künstlertums gewagt habe, dient sie mir immer noch als Erklärung aus erster Hand. Herkunft als Stempel, als Prägung, als Haltung. Herkunft damit auch als Ausrede, Verklärung. Vulgo: die Armut meiner Familie hat mir das Maul gestopft. Mit Fertigkost statt »essbaren Wildpflanzen«. Von meinem Vater habe ich die Augen, von meiner Mutter die Nächte. Das Unternehmen, das meine Familie führte, handelte mit Habseligkeiten in dritter Generation und expandierte in seinen Nachwuchs. Das Schlüsselerlebnis in seinen Gründungsjahren trug sich an einem vorweihnachtlichen Wintertag 1969 zu, als mein Vater, zurückgekehrt von den windigen Nachkriegsbaustellen der Großstadt, den *borgate* Norddeutschlands, meiner Mutter beichtete, dass der Polier mit der Kasse durchgebrannt sei und es also keine Bescherung gab. Es existiert ein Foto von diesem Weihnachtsfest. Es ist ein menschenleeres Familienporträt und besteht aus der zementgrauen Sitzgarnitur, ein Sofa und zwei Sessel, die uns Tante Selma vererbt hatte. Vom letzten Geld hatten meine Eltern sich und meiner Schwester und mir nun Flicken aus mokkabraunem Samt für die abgescheuerten Armlehnen geschenkt. Immer, wenn wir, die noch leben, gemeinsam auf einem Sofa sitzend dieses Foto betrachten, brechen wir widerstandslos in Tränen aus und lachen oder umgekehrt. Später lief ich jahrelang die schmale Straße, die den Namen »Buchweizenland« trug, mit Holger hinauf und wieder herunter. Oder wir saßen vormittags im kalt verrauchten Fernsehzimmer seiner Eltern und sahen die Krimiwiederholung vom Vorabend und sein Vater kam herein, krempelte die Hosenbeine hoch und zeigte uns seine im Krieg durchschossenen Knie, ging danach wieder, um sich das nächste Astra aus der Küche zu holen, kam zurück und verprügelte meinen Freund vor meinen Augen. Oder wir schlingerten mit unseren ersten Fahrrädern rhythmisch im Schatten der Kopfweiden über die Bodenwellen ihrer Wurzeln im von der Augustwoche aufgeweichten Teer. Zu Mittag aßen wir im »Habichtshorst« gegenüber, dem Stammgasthof für die Fahrer der Schlachttransporte, Holgers Mutter bediente uns, und wir saßen neben ihnen in ihren verschwitzten Unterhemden am Tisch, stützten uns auf die Ellenbogen und beugten uns über Kartoffeln und Wurst. Auf dem Parkplatz standen die Lkws in der prallen Sonne, und in den Anhängern brüllte das Schlachtvieh. Dahinter begann der Radbrucher Forst. Der Wald war mein Internat. Der Dachstuhl, für den mein Vater, Zimmermann, in den Forst gegangen war, um die Bäume zu fällen, die Stämme zu schälen, später die Pfette zu setzen von First und Fuß und (nicht ins Hirnholz!) die Haken zu schlagen für die Verbindung der Blätter: er war mein Lehrstuhl. Sein Gesellenbrief ist mir bis heute mehr wert geblieben als jeder Doktortitel es hätte sein können. Krumm von den Dachschrägen meiner Kindheit, begann ich zu schreiben. Verklärung? Sozialkitsch? Mag sein.

Umsatz

Wie hätte ich denn den Mut fassen können, nicht nur schreibend leben, sondern auch vom Schreiben leben zu wollen? (Um Antwort wird gebeten, bitte als PN.) Als Abiturient schickte ich Hermann Peter Piwitt Gedichte und erhielt eine tadellos lobende Antwort. Diese einzige Gelegenheit in meinem Leben, nahtlos in den Geniekult überzugehen, ließ ich im Alter von achtzehn Jahren verstreichen und machte ein leidenschaftsloses Abitur. Ich schrieb und putzte zweimal in der Woche von siebzehn bis zweiundzwanzig Uhr eine Schule. Ich desertierte vom Zivildienst, floh nach Lissabon und ließ diese einzige Gelegenheit in meinem Leben, Exilschriftsteller zu werden und mich einzuschiffen, um den Maghreb zu erreichen und dort zu verschwinden, ungenutzt verstreichen. Ich schrieb und begann als häusliche Betreuungskraft bei der Caritas Freiburg zu arbeiten. Ich studierte und schrieb und schickte Martin Walser meine Gedichte und erhielt eine tadellos lobende Antwort mit einem Empfehlungsschreiben an Elisabeth Borchers und schrieb weiter und wechselte in die stationäre Pflege zu den Barmherzigen Schwestern des Heiligen Vincent Paul. Ich schrieb und saß nachts als Sterbewache am Bett und hörte, wie es aufhörte, es, das Atmen, es, das Leben, öffnete, wie es mir Schwester Hermann Joseph aufgetragen hatte, das Fenster, damit die Seele hinausfliegen konnte, und wusch am Morgen den Leichnam, kämmte ihn, legte ein Kissen unters Kinn, schob mit dem Bett über den Flur und fuhr mit dem Fahrstuhl in den Kühlraum im Keller. Einmal sagte mir eine ins Ohr: »Ich habe Schmerzen wie eine nasse Katze, ich habe Schmerzen wie ein Stück Vieh«, und ich schrieb es auf. Später tauchte dieser Satz in einem Gedicht wieder auf. Ich schrieb und wechselte auf den Bau zu einer Firma für die Sanierung all der betonierten Bausünden der Siebziger. Ich schrieb und saß jahrelang im

Großraumbüro einer Reederei und verkaufte Fährtickets. Ich schrieb und wurde Personaldisponent einer Pflegeagentur. Ich wurde arbeitslos, ich war verheiratet, ich wurde Vater und verkaufte in einem zum Callcenter umgebauten Einfamilienhaus Lotterielose an schwerhörige alte Menschen und war Teil einer schäbigen Drückerkolonne aus Minderlöhnern geworden und hörte auf zu schreiben. Sieben Jahre schrieb ich nicht mehr. Wer war ich in diesen Jahren, was ich jetzt nicht bin? Sieben Jahre, in denen sich die Frage nach der Entscheidung zwischen einer sogenannten abhängigen Beschäftigung und einer sogenannten freien Existenz von alleine beantwortete. Ich musste mich nicht für das eine entscheiden, es reichte, das andere zu vermeiden. Bis ich wieder zu schreiben anfing und sich der Riss von neuem auftat. Wie es mir dabei geht, will es jemand wissen? Wie Seeleuten geht es mir, wenn sie nach langer Zeit auf dem Wasser noch tagelang mit weichen Knien an Land herumgehen, das sogenannte Nachschwanken. Es war schon immer so bei mir und wird, fürchte ich, auch so bleiben. Vielleicht sitze ich deshalb am liebsten am offenen Meer und schaue über seine Fläche auf der Suche nach einem Ende hinaus. Hinter mir das Land mit seinen offenen Fragen.

Summen und Salden

Heute befinde ich mich in einer materiell komfortablen Position und erfülle für Kurzsichtige mühelos das Klischee eines privilegierten Teilnehmers und -habers eines privatwirtschaftlich organisierten Marktes. Vor etwas mehr als zehn Jahren habe ich tatsächlich den Schritt in die Selbstständigkeit gewagt und leite als geschäftsführender Gesellschafter ein Unternehmen mit einem Team von rund sechzig Pflegekräften und fünf Bürokräften. Ein typischer Mittelständler, wie ihn der Volksmund halb gelungen charakterisiert: selbst und ständig. Die Betriebsstätte liegt in Hamburg. Achtzehn Jahre lang bin ich, da ich keinen Führerschein besitze, morgens aus dem kleinen Dorf in der Ostheide mit dem Schulbus die zwanzig Kilometer zum Bahnhof Lüneburg gefahren, habe dort den Metronom nach Hamburg genommen, bin in die S-Bahn gestiegen, dann in den Bus. Zwei Stunden am Morgen für den Hinweg, zwei Stunden am Abend für den Rückweg: Was für eine Verschwendung an Lebenszeit, was für ein Gewinn! Jetzt bestärkte mich in meinem Zweifel an der Sinnhaftigkeit einer künstlerischen Existenz auch noch die Kraft des Faktischen: Für das Schreiben blieben nur die geschenkten Fahrtzeiten hinter den jahreszeitlich wechselnden Panoramen der Fensterscheiben in Bussen und Bahnen. Rückblickend kann ich feststellen, wie sehr sich dadurch meine Ästhetik (im Sinne einer körperlichen Aufmerksamkeit, eines zeitlichen Gewahrseins) den Umständen meines beruflichen Alltags angeglichen und dabei unterschwellig einen programmatischen Einfluss auf mein Schreiben genommen hat. Im Laufe der Pendlerjahre hat sie sich an die gegebenen Möglichkeiten adaptiert. Aus projektierten Formen und Inhalten meiner Anfangsjahre wurden, bedingt durch die immer gleichen Abläufe, spontane Fragmente, Mitschriften, Schleifen, in die sich die Spuren der Bewegungen eingravierten und von den Lesenden nachverfolgt werden können. Auch von mir selbst, denn viele der so entstandenen Texte bleiben unverändert im Status ihrer Unmittelbarkeit stehen und dienen mir so als Langsamtest in meinem Leben: Erst nach Jahren zeigen sie mir mit ausreichender Verlässlichkeit an, wie es um mich stand, als ich sie schrieb. Autobiographische Film-Stills. Dieser Veränderungsprozess im Übergang vom Sehen zum Schreiben war absichtslos angestoßen worden und hatte sich anfänglich allein durch die Kraft der Dauer zur Routine eingeschliffen und im Nachgang schließlich durch den für mich als solchen empfundenen poetischen Gewinn verfestigt. Themen musste ich mir nicht suchen, sie waren da. So ist es grundsätzlich bis heute geblieben. Vor Kurzem fand ich in einer eingemotteten Jacke einen alten Notizzettel wieder, der beispielhaft beide Lebenswelten elliptisch überblendet und den ich für mich sofort als Gedicht im Sinne des angesprochenen Langsamtests verstand.

NOTIZZETTEL IN EINER ALTEN JACKE

Urlaubsabgeltung bis März??
Milosz anrufen
Antrag AG
Taxiquittung
IT Dritter Arbeitsplatz
Bewerberstatistik aktualisieren
31.10. als Feiertag eintragen
Anschreiben Preiserhöhung andenken
(Anlass: Bürozeiten)
Sessner
Krapf
Braun wegen Lyrikempfehlungen
Martin Brinkmann
Springer Pflegekongreß
Abend der Begegnung September
Suck krank
Alonso 14.02. keine Garantie
Kraus
Für MA: Leistungsübersicht AV + Zusätze
Brigitte
Marie Kroos Stiftung

Vorsorge
Minnesang mitnehmen
RR Herden.

Bilanz

Aus der Perspektive der Literatur ist die Geschäftswelt sprachlos. Aus der Perspektive der Geschäftswelt ist die Literatur mittellos. Für beide Seiten ist die Schlussfolgerung, die sie daraus zieht, identisch: die eine Seite hält die andere für so bedeutungslos wie jene sie selbst. Die Zeiten, da ich den Widerspruch, in zwei Welten zu leben, auflösen wollte, sind lange Vergangenheit. Es macht keinen Sinn mehr, wie früher die Tür auf der linken Seite des Flurs aufzureißen und »Ich bin keiner von Euch!« hinzurufen und es auf der rechten Flurseite zu wiederholen. Die eine Seite verstand »keiner«, die andere »einer«, dann wieder verstanden beide »einer«, dann wieder die eine Seite usw. Ich vermute, diese Zweiteilung nicht aufzulösen, sondern auszuhalten, ist ein kreativer Überlebensinstinkt, der Schreibende wie mich, die gefangen in diesem Kreis gehen, an die Hand nimmt: damit sie im größten Widerspruch keine Hälfte wählen, bevor der Traum vom Ganzen diesen in zwei Teile zerreißt. Denn solange das nächste Gedicht gelingt, vermisse ich das eine so wenig wie mich das andere nicht über die Verhältnisse bedrückt. Doch wem begegne ich nun eigentlich, wenn ich sage, ich begegne »meinesgleichen«? Niemandem so gar nicht, niemandem so ganz. Selbst aus zwei Hälften bestehend, treffe ich überwiegend immer wieder nur auf ganze Einheiten, die wie Parallelwelten nebeneinander existieren. Unberührt und unirritiert voneinander. Denn wie sonderbar ist doch: Der Widerspruch, an dem entlang ich lebe, trennt fein säuberlich die Lebenswelten. Niemand in meiner Geschäftswelt liest »hohe« Literatur, geschweige denn Gedichte. Und leider allzu oft bestätigt mir der Austausch mit Schreibenden wiederum meine schlimmsten Befürchtungen, die ich in Bezug auf ihr Weltbild hege: es bleibt unberührt von den Erfahrungen, die ich in der anderen Lebenswelt mache. Die dabei entstandenen Zerrbilder gleichen sich. So oberflächlich sie gewonnen werden, so fest haben sie sich etabliert: hier das Klischee vom Leben der Schreibenden, frei und immer irgendwie alimentiert, arm, aber sexy. Dort das Abziehbild der fremdbestimmten Lohnabhängigen oder, wie in meinem Fall, des materiell gut dotierten Mittelständlers, gar unanständiger Wohlstand. Ihre a priori richtigen Vorurteile schlagen die mittellosen gebildeten Stände dann gleich in ihrer Bibel nach: MEW, Bd. 23, *Das Kapital*, Bd. I, Dritter Abschnitt, S. 245–320. Zu meiner ganz persönlichen kritischen Schreibsituation tritt in meinem Empfinden daher noch eine gesellschaftliche Drucksituation hinzu, welche den Status der Kulturschaffenden per se legitimiert, während sie eine Situation wie die meine (zumal in meiner Branche, der Zeitarbeit) grundsätzlich einer Erklärung für bedürftig hält. Mein monatliches Bruttoeinkommen beläuft sich auf das Äquivalent eines Honorars von fünfzehn Lesungen. Das führt zu dem kuriosen Umstand, dass mir im seltenen Fall einer eigenen Lesung vom Honorar netto die Hälfte bleibt. Ich habe die Hindernisse und Widerstände in der vertikalen Durchlässigkeit der Gesellschaft hautnah durch die Hemmnisse meiner Herkunft gespürt und ärgere mich zuweilen, das auf der anderen Seite gerne, oftmals aus einer ideologisch verengten Perspektive heraus, übersehen wird, dass auf das erfolgreiche Überwinden der zähen Durchlässigkeit nach oben eine sehr rasche Umkehrung in Form eines rasanten Abstiegs erfolgen kann. Dass ich es mir für alle und überall genau anders herum wünsche: geschenkt. Gerade in Zeiten wie diesen kommt dieses Risiko besonders zum Tragen. Um die

Arbeitsplätze zu retten, habe ich einen großen Teil meiner Altersvorsorge in das Unternehmen gesteckt, das sich seit Beginn der Pandemie in einem dauerhaften Krisenzustand befindet. Im Idealfall trägt ein solcher Entschluss entscheidend zur Rettung bei, im schlimmsten Fall bedeutet es Totalverlust. Und doch ziehe ich inzwischen diesen immer in einer Art Schwebezustand gehaltenen Modus zwischen den beiden Lebenswelten dem einer Entscheidung für die andere Seite vor. So hoch kann der Leidensdruck anscheinend nicht sein, um das aufzugeben, was für mich inzwischen vor allem zählt, denn das, was unbezahlbar ist und bleibt und mir inzwischen lieb und teuer geworden ist, wäre der Preis, den die andere Seite einforderte: meine Freiheit und die Unabhängigkeit. Vom Markt, von Fördertöpfen, von Netzwerken, vom Zufall. Ich bin mein eigener Stipendiat. Die Vorjury besteht nur aus mir. Ungelesen winke ich jede Einsendung von mir durch. Aus Gründen der Fairness habe ich schon vor vielen Jahren aufgehört, mich für Preise, Reisen und Stipendien zu bewerben. Dass ich mich damit auch aus dem Rennen um die eine oder andere Ehrung begebe, nehme ich hin. Viel wichtiger ist mir, dass ich für mich erfahren habe, dass für das eigene Schreiben die unterprivilegierte Herkunft kein Kredit zu Wucherzinsen sein muss, der zu Lebzeiten nicht mehr abgetragen werden kann. Die Schulden, welche die Idee von sozialer Gleichheit drücken, können für die Kreativität auch ein Gewinnvortrag sein. Der Befund mag nicht sonderlich gern gelesen werden, für mich aber trifft er zu. Vielleicht habe ich für mich auch deshalb in all den Jahren eine gewisse Gleichgültigkeit für den Betrieb und seine Nöte kultiviert (so wie er auch für meine) und mir dabei umso aufrichtiger Liebe und Respekt für all jene bewahrt, mit denen ich mir die schöne Verzweiflung, aus einer wie auch immer empfundenen existenziellen Not heraus zu schreiben, teile, voller Respekt für die Übermacht jedes einzelnen Wortes. Allen anderen widme ich meine Diss.

DISS

Ihr Gesamtwerktätigen unter den Enteigneten.
Dies ist meine Diss,
Ihr guillotinierten Starschnitte.
Meine legendäre Vene, ich habe sie mir geöffnet,
und die Drainage läuft.
Dieser unbezahlbare Augenblick, wenn Ihr zum Telefon stürzt
und auf den Anruf einer Jury hofft! Und dann
bin es nur ich, Euer Kundenbetreuer des Vertrauens
mit der jüngsten Umfrage
unter den Zeilenbrechern:
Wie war Ihr Morgenschiss?

In Euren Schreibzimmern sitzt Ihr wie in Umzugswagen
bei Introspektionen der Außenwelt.
Aber die Wirklichkeit brütet nicht, sie ist nur eklektisch:
Ein falsches Leben ist auch ein Leben.

Ihr mit der Triage Eurer Terzinen,
den Fassbomben und Honigbienen,
blind für das, was Ihr seht,
in Euren gefrorenen Flügelhemden,
gefiedert und von Schüttelreimen gelähmt.
Ihr Masked Singer und Heulsbringer.

Mit den Seiten Eurer Bücher
stopfe ich meine vom Regen durchnässten Wanderstiefel aus.
Zarte Tiere formt beim Verbrennen Eurer Skripte
nach sternenklaren, frostigen Nächten
über meinem Kamin, wenn es tagt, der Rauch.

Schön, dass Ihr was mit Sprache macht,
aber habt Ihr sie auch gefragt?

Ein Verzicht auf Kinder und Familie, lebenslange Einschränkungen der sozialen Teilhabe aufgrund einer prekären wirtschaftlichen Lage, beides wird empathisch verklärt zur bedingungslosen Hingabe an die Kunst; wer hier Kompromisse eingeht, verliert sehr schnell an symbolischem Kapital.

Thorsten Krämer

LOB DER TEILZEITKUNST

1.

Vor einigen Jahren betrat ich zum ersten Mal einen dieser damals überall neu aufpoppenden Burger-Läden, die sich durch Style und Qualität vom schlechten Fast-Food-Image lösen wollten. Ich fühlte mich ein wenig überfordert vom modularen Aufbau der Speisekarte und brauchte eine Weile, bis ich alle Optionen verstanden hatte. Als ich schließlich meinen persönlichen Burger erfolgreich konfiguriert hatte, sah mich der Typ hinter der Theke freundlich an und sagte: »Und du bist?« Ich starrte ihn verständnislos an, während mir diverse mögliche Antworten auf diese so offen formulierte Frage durch den Kopf schossen: Ich bin ... 43? Schütze? Verheiratet? Vater zweier Kinder? 1,78 m? Autor? Erst mein Gegenüber machte meiner Not ein Ende: »Dein Name?« Ah! Ich nannte ihn und wartete anschließend voller Demut darauf, dass er aufgerufen wurde und ich meinen Burger abholen konnte, der dann tatsächlich auch sehr lecker war.

2.

»Was bin ich?« Diese Frage dürfte den Älteren noch aus dem Fernsehprogramm vertraut sein. Zwischen 1955 und 1989 lief unter diesem Titel ein »heiteres Beruferaten«, moderiert von Robert Lembke, im Ersten Deutschen Fernsehen. Ganz gewöhnliche Leute saßen da, führten als einzigen Anhaltspunkt eine »typische Handbewegung« aus ihrem Berufsalltag vor und hofften, dass die prominenten Ratenden möglichst viele falsche Fragen stellten – denn für jedes »Nein« aus dem Mund der Kandidat:innen wurden 5 DM fällig, bis zum Höchstgewinn von 50 DM. Man merkt schon an diesen Zahlen: Das alles ist lange her. Dennoch möchte ich hier gerne die folgende Frage stellen: Gehe ich recht in der Annahme, dass sich in Sachen Beruf und Identität seitdem nicht sehr viel verändert hat?

3.

Von 2010 bis 2014 habe ich eine Ausbildung zum Gestalttherapeuten gemacht. Wenn ich in diesem Rahmen mit Klient:innen arbeite, ist Identität ein wichtiges Thema. Wie erleben sich die Menschen, was halten sie selbst für ihren inneren Kern, ihre ureigenste Persönlichkeit? Das sind freilich Fragen, die von den Klient:innen selbst formuliert werden, für die phänomenologisch orientierte Art der Gestalttherapie, in der ich ausgebildet wurde, sind das keine Leitfragen. Warum muss ich wissen, wie jemand ›eigentlich‹ ist, wenn ich doch gerade mit der Person interagiere und sie sich mir in einer bestimmten Art zeigt? Und woher weiß sie das selbst? Die Persönlichkeit als etwas Abstraktes zu postulieren, das losgelöst ist vom konkreten Erleben, hat eine lange Tradition in der abendländischen Geistesgeschichte, aber das spricht nicht zwingend für diesen Standpunkt. Trotzdem bringen viele Klient:innen diese Vorstellung mit und empfinden es gerade als leidvoll, in dieser Differenz zwischen einer bestimmten Idee von sich und ihrem alltäglichen Leben zu stehen. Aber was, wenn das Ich nicht an einer Stelle im Innern, einem Kern oder Zentrum verortet wird, sondern jeweils an der Grenze zur Umwelt, zum Gegenüber? Das Ich nicht als Keim, der von innen nach außen wächst, sondern als jeweilige Aktualisierung in einem Kontakt? In gewisser Weise führt eine solche Theorie des Ichs die postmoderne Akzentuierung der Oberfläche weiter. Nicht mehr die Tiefe ist der Ort, an dem das ›wahre‹ Ich verborgen liegt, sondern in konkreten Situationen, im aktuellen Erleben zeigt sich das Ich als jeweils das, was es gerade ist.

4.

Die Vorstellung, dass der Beruf einen Menschen definiert, scheint tief in unseren Köpfen verwurzelt. Wir wollen von kleinen Kindern wissen, was sie später werden wollen, und fragen Menschen, die wir neu kennenlernen: »Und was machst du?« Meine Antwort darauf lautet dann meistens: »Ich schreibe.« Die nächste Frage, die sich dann anschließt, ist allen bekannt, die in dieser Branche arbeiten; auch sie verstärkt den Verdacht, dass es sich bei diesem Interesse um eine Form von Klassismus handelt. Wenn ich den Beruf meines Gegenübers kenne, verrät mir das eine Menge über seinen sozialen Status, seine Bildung, seine wirtschaftliche Lage. In anderen Ländern, so hört man gelegentlich, ist diese Fixierung auf den Beruf übrigens nicht so stark ausgeprägt. Dort stellt man andere Fragen, wenn man mehr über einen Menschen wissen will. Aber ist es nicht legitim, anhand des Berufs auf die Person zu schließen? Schließlich ist der Beruf das, womit man sich den Großteil seiner Zeit beschäftigt, das prägt einen doch? Ein schlüssiger Einwand, dessen Prämisse offenlegt, wo das Problem liegt: Wer in Deutschland vom Beruf spricht, meint fast immer den sogenannten Hauptberuf, die *eine* Tätigkeit, die man ausübt, um sein Leben zu finanzieren. Variabel ist allenfalls noch der Umfang, manche arbeiten ja in Teilzeit. Es war bis vor kurzem ehernes Gesetz, dass ein Mensch in jungen Jahren die Entscheidung trifft, womit er für den Rest seines Lebens seine Zeit verbringt. Das Erstaunliche daran ist, dass diese Vorstellung nicht nur auf konservative Kreise beschränkt ist. Auch der Kulturbetrieb, der doch ein inhärentes Interesse an Veränderung haben müsste, hat in dieser Hinsicht kein grundsätzlich anderes Menschenbild als die Agentur für Arbeit. Wobei die immerhin noch Umschulungen finanziert.

5.

Früher konnte ich mich nicht auf Aufenthaltsstipendien bewerben wegen der Kinder; jetzt sind sie erwachsen, aber nun habe ich Klient:innen, die eine gewisse Zuverlässigkeit und Regelmäßigkeit von mir erwarten und mich an einen Ort binden. Also sieht es wieder schlecht aus mit längeren Abstechern in die deutsche Provinz oder die weite Welt. Aber ich beschwere mich nicht, ich habe es mir ja selbst so eingerichtet. Ich hätte ja auf Familie verzichten und mich ganz und gar aufs Schreiben konzentrieren können. Das ist schließlich der Preis, den zu zahlen stillschweigend erwartet wird, wenn man hierzulande als professionell Schreibende:r durchgehen will. In den letzten Jahren gibt es immer mehr Kritik an diesem Modell, insbesondere auch von schreibenden Frauen, denen der Betrieb in forcierter Form die Pistole an die Brust setzt: »Mit Kind bist du raus.« Nur sehr langsam zeigt der Protest Wirkung, entstehen etwa gezielte Förderungen für (allein)erziehende Autorinnen, zeigen Residenzen eine größere Bereitschaft, auch Familien in ihre exklusive Schar von Künstler:innen aufzunehmen. Der Gedanke, nur eine Vollzeittätigkeit als Autor:in befähige zum literarisch ernstzunehmenden Schreiben, hält sich dennoch hartnäckig. In Zeiten von Corona hat sich dies in vielen Fällen als existenzbedrohend erwiesen. Denn wer bislang auf eine solide Mischkalkulation setzte, sah sich unter Umständen von Hilfen für Künstler:innen ausgeschlossen, da die pandemiebedingten Ausfälle nicht hoch genug waren. Ob es um solche punktuelle Unterstützung oder dauerhafte Subventionen wie durch die Künstlersozialkasse geht, der Staat kennt wenig Grauzonen: Man ist Künstler:in, oder eben nicht. Und der Betrieb sieht es nicht anders. Auch unter Kolleg:innen gibt es oft Vorbehalte, wenn man neben dem Schreiben noch einen ›regulären‹ Beruf ausübt. Ausgenommen sind davon natürlich schreibnahe Tätigkeiten als Dozent:in oder Veranstalter:in in der Kulturvermittlung. An dieser Stelle fällt auch eklatant auf, wie hoch der Anteil von Akademiker:innen unter den Schreibenden ist. Zwar haben die meisten Kolleg:innen, die ich kenne, auch schon prekär gearbeitet, doch das Selbstbild ist ein anderes: Man finanziert sich zwar mit einem Aushilfsjob, aber *eigentlich* ist man Künstler:in ... Diese Art, das eigene Ich zu fassen, also als Abstraktum und nicht als jeweilige Aktualisierung, wirkt sich an dieser Stelle unmittelbar auf die gesellschaftliche Realität aus, denn sie befördert eine innere Absetzbewegung und verhindert so Solidarität. Daher ist auch die gestalttherapeutische Arbeit immer schon mehr als ein Luxus für um sich selbst kreisende Besserverdienende, sie ist, wenn man sie etwa im Sinne des Anarchisten Paul Goodman versteht, eine soziale Praxis mit revolutionärem Potential.

6.

Ich teile ausdrücklich die Vorstellung nicht, dass Schriftsteller:innen erst etwas ›erleben‹ müssten, um dann darüber zu schreiben. Hinter dieser durchaus verbreiteten Position lauern meiner Meinung nach ein latenter Anti-Intellektualismus und ein Konzept des Lebens als Abhärtungsprozess. Mit derselben Haltung wird von Lehrlingen und Praktikant:innen erwartet, dass sie als Teil ihrer Ausbildung Bierkästen schleppen und Kaffee kochen. Literatur ist immer sprachliche Gestaltung eines Erlebens; dabei spielt die Frage, *was* erlebt wird, eine sekundäre Rolle. Meine Kritik an der Vorstellung von der Vollzeitkunst zielt aber auf etwas anderes ab. So ist auch die Frage, mit welchem Modell die ›bessere‹ Kunst entsteht, für mich eher nebensächlich. Wenn ich mich unter Kolleg:innen umschaue, die ausschließlich vom Schreiben leben, so haben diese unterm Strich auch nicht mehr Zeit für das Schreiben als solche, die einen sogenannten Brotberuf ausüben. Wer nur vom Schreiben leben will, verbringt einen beträchtlichen Teil seiner Zeit damit, Förderanträge zu schreiben, Bewerbungen einzureichen, Konzepte zu entwickeln, Netzwerke aufzubauen und zu erhalten, Lesungen zu organisieren und vieles mehr. Jeden Tag acht Stunden nur mit Schreiben zu verbringen, das können sich bloß Bestsellerautor:innen leisten oder jene, die anderweitig schon versorgt sind, etwa durch Erbschaften. Nein, die Frage der Qualität ist nicht an die Art des Wirtschaftens gebunden. Meine Kritik zielt auf einen größeren Rahmen ab, auf die Perspektive, aus der wir grundsätzlich auf Erwerbstätigkeit blicken. In dieser Hinsicht unterscheidet sich der Literaturbetrieb nicht wesentlich von, na, sagen wir mal: der Autoindustrie. Wobei dort sogar oft flexiblere Arbeitszeitmodelle zum Einsatz kommen.

7.

Wir haben uns daran gewöhnt, dass Ehen nur selten ein Leben lang halten; warum fangen wir dann nicht auch an, von »Lebensabschnittstätigkeiten« zu sprechen? Wir gestehen jungen Leuten zu, dass sie sich bei der Wahl des Partners, der Partnerin mal irren können, aber den Beruf, den wir einmal gelernt haben, sollen wir unser Leben lang ausüben? Aktuell stehen Menschen, die sich beruflich »umorientieren«, wie es so schön heißt, immer noch unter dem Ruch der Erfolglosigkeit; die berüchtigten »Brüche« in der Biographie sind dann Schicksalsschläge, keine bewussten Entscheidungen. Wem nutzt eigentlich der soziale Druck, der anhand all dieser subtilen und manchmal auch weniger subtilen Hinweise auf eine vermeintliche Normalität aufgebaut wird? Im Literaturbetrieb, so mein Eindruck, hat die Entscheidung für das Dasein als Autor:in Bekenntnischarakter, bisweilen kommt sie sogar einer Unterwerfungsgeste nahe. Ein Verzicht auf Kinder und Familie, lebenslange Einschränkungen der sozialen Teilhabe aufgrund einer prekären wirtschaftlichen Lage, beides wird empathisch verklärt zur bedingungslosen Hingabe an die Kunst; wer hier Kompromisse eingeht, verliert sehr schnell an symbolischem Kapital. Durchhalten, weitermachen: das sind auch im Literaturbetrieb beliebte Sekundärtugenden. Der Geniekult ist zwar verabschiedet, aber die vermeintliche Radikalität eines Lebens, das einzig der Kunst gewidmet ist, verleiht einem Werk auch heute noch einen besonderen Glanz. Dieses Versprechen trägt wesentlich dazu bei, dass Menschen diese Form der fortgesetzten Selbstausbeutung nicht nur praktizieren, sondern auch noch verbrämend rechtfertigen; und es ist natürlich ein durch und durch zynischer Handel, der hier aufgemacht wird.

8.

Auch der Neoliberalismus mag keine starren Identitäten. Der flexible Mensch, den er favorisiert, lernt nie aus, ist an keinen Ort gebunden, kann sich selbst organisieren und unterwirft Körper und Geist einem strengen Regiment der Selbstoptimierung. Das Perfide daran ist, dass die einzelnen Aspekte dieses Menschenbildes ja nicht per se schädlich sind. Was ist verkehrt daran, immer weiter zu lernen, ist das nicht auch ein Ideal des Humanismus? Ist die Sorge um sich nicht eine alte Lebenspraxis der Stoa, die als *self-care* heute eine Renaissance erlebt? Bedenklich an all diesen freundlichen Imperativen ist das Szenario, das sich denjenigen bietet, die sich nicht daran halten: Sie bleiben auf sich selbst angewiesen und können auf keine Unterstützung hoffen. Wenn *self-care*, Achtsamkeit, *work-life-balance* und all die anderen Techniken und Methoden nur dazu dienen, den Abbau sozialer Netze und Sicherungssysteme zu legitimieren, dann sind sie nicht die Lösung, sondern eminentes Teil des Problems. Der Perspektivwechsel von einem Künstler:innentum aus Berufung hin zu einer fluideren Identität darf deshalb nicht verwechselt werden mit der neoliberalen Formel der ständigen Neuerfindung. Es gibt immer noch sehr reale wirtschaftliche Einschränkungen, und interessanterweise sind es gerade zwei Bereiche, in denen es als normal angesehen wird, mehrere Tätigkeiten auszuüben: ganz oben und ganz unten auf der Erfolgsleiter. Als Manager:in oder Politiker:in in mehreren Aufsichtsräten zu sitzen, Schirmherr:in für Stiftungen oder sonstige Institutionen zu sein, dabei noch Familie zu haben – das alles ist kein Problem. Und für Menschen, die keiner qualifizierten Tätigkeit nachgehen können, ist es allzu oft eine bittere Notwendigkeit, mehrere Jobs zu haben. Nein, mit dem Leben als Teilzeitkünstler:in meine ich etwas anderes: Eine Einsicht in die Vielgestaltigkeit eines jeden Lebens, das sich nicht auf einen Aspekt reduzieren lässt. Eine Einsicht, die als Grundlage einer gesamtgesellschaftlichen Neugestaltung von Erwerbstätigkeit dienen sollte, nicht nur im Kulturbetrieb. Auf diesem Weg wird auch eine neue Form der Solidarität möglich, die über die in der Coronakrise so häufig zu beobachtende Lobbyarbeit hinausgeht. Es gilt, politische Forderungen jenseits bloßer Interessenvertretung zu stellen. Die Parole sollte nicht lauten: »Mehr Geld für Kultur!«, sondern: »Ein anderer Arbeitsmarkt!«. Das bedingungslose Grundeinkommen ist sicherlich ein möglicher Baustein einer solchen Umgestaltung, die alle Erwerbstätigen gleichermaßen betrifft. Die Theorie der Intersektionalität stellt längst auch das begriffliche Instrumentarium bereit, um Benachteiligung und Diskriminierung nicht eindimensional an fixen Identitäten festzumachen; trotzdem wird auch von linker Seite immer wieder gegen den Strohmann einer essentialistisch gedachten ›Identitätspolitik‹ gefeuert. Dass sich gerade auch der Literaturbetrieb so schwer mit diesen Dingen tut, ist besonders traurig, kommen hier doch Menschen zusammen, die über die Lektüre immer wieder in andere Lebensrealitäten eintauchen; aber dass auch die Lebensrealitäten derjenigen, die diese Texte produzieren, sehr viel mehr Varianz aufweisen, als das einseitige Berufsbild zulässt, auf das der Betrieb weiterhin zugeschnitten ist, das ist offenbar nur schwer vermittelbar.

9.

Ich erwähnte bereits, dass ich auf die Frage, was ich mache, zumeist »ich schreibe« antworte. Das stimmt, und es stimmt auch, dass ich bei meinen biographischen Angaben in Veröffentlichungen meistens die Formulierung »Autor und Gestalttherapeut« verwende. Dieses kleine »und« ist mir sehr wichtig. Weder »Autor, aber eigentlich Gestalttherapeut« noch »Gestalttherapeut, aber eigentlich Autor« wäre zutreffend, das gleichwertig koordinierende »und« trifft es viel besser. Es ist übrigens auch ein Wort, das im Kontext der gestalttherapeutischen Arbeit eine wichtige Rolle spielt. Es ermöglicht den Klient:innen, verschiedene, zum Teil widersprüchliche Gefühle und Eindrücke als gleichberechtigt wahrzunehmen und stehen zu lassen. Der Moment, wenn ein Mensch bemerkt, dass er sein Erleben nicht anhand vorgegebener Maßstäbe hierarchisch anordnen und gewichten muss, ist oft der Moment, an dem Veränderung beginnt.

Ich quäle mich damit, meinen Zorn einzudämmen, weil auch dieser Text nichts zur Veränderung beitragen wird in einem Betrieb, der sich selbst genügt und seine Pfründe klassenintern vergibt und sich derzeit ostentativ mit anderen Gleichberechtigungspräferenzen schmückt, anstatt sich mit einem gerechten Klassenverhältnis zu beschäftigen.

Stan Lafleur

Überall und alles wolle er sein, mit jeglichen Zügen und Schiffen reisen, mit sämtlichen Frauen verkehren und jedwedes Essen kosten, dichtete vor gut hundert Jahren der mythenumrankte Modernist Arthur Cravan in *Hie!* und zählte eine konkrete Reihe angestrebter Tätigkeiten auf, darunter: Chemiker, Stricher, Musiker, Maler, Akrobat, Schauspieler, Landwirt, Jäger und Industrieller. Ein Jugendwunsch nach umfassender Welterfahrung, der manchen Heranwachsenden vor und nach Cravan befallen haben dürfte, den vor Cravan allerdings niemand so explizit in Verse gefasst hatte. Cravans tatsächlich ausgeübte Erwerbstätigkeiten hingegen dürften eine deutlich schmalere Liste umfassen, denn er stammte aus ›gehobener‹ Familie. Sprich, Cravan war vermutlich bis zu seiner Jahre währenden Flucht mit dem Zweck, die Einberufung auf die Schlachtfelder des Ersten Weltkriegs zu umgehen – auch hierin erwies er sich als einer der wenigen weitsichtigen Literaten seiner Generation –, finanziell abgefedert. Gesichert sind lediglich diverse Tätigkeiten als literarischer Provokateur in Paris und New York und – so würde es heute wohl heißen – als Promiboxer mit Neigung zu illegalen Absprachen.

Als Reinkarnation des 1887 geborenen und im Dezember 1918 im Süden Mexikos verschwundenen Dichters und Performers Cravan bezeichnet der Romanautor Hakan Günday in einem Artikel den türkisch-armenischen, in hunderten türkischer Filme und Serien für seine überaus maskuline Physis gebuchten Nebendarsteller und erst postum als Verfasser des sechsbändigen Graphic-Novel-Versepos *Kaldırım Destanı* (»Straßenpflastersaga«) bekannt gewordenen Masist Gül (1947–2003) und hängt diese steile These an ein paar Cravan und Gül gemeinsamen Angelpunkten auf: die autodidaktische (Aus-)Bildung, die ausgeprägte physische Präsenz (»stärkster Dichter der Welt«) und die Neigung zu bzw. Notwendigkeit von unterschiedlichen Tätigkeiten. Auf Masist Güls Visitenkarte stand zu lesen: »Schauspieler, Maler, Kunsthandwerker, Comicautor, Philosophiemaler, Karikaturist, Dichter, Schriftsteller, Bildhauer, Drechsler, Schreiner und Gewichtheben-Trainer. (Talent ohne Ausbildung oder Lehrer)«.

Meine innerliche Verbundenheit mit Cravan, in geringerem Maße mit Gül, dockt unter anderem an ihren kurvenreichen Biographien, ihren multiplen und mehr oder minder ausgebremsten Talenten, ihren daher überschaubaren Gesamtwerken und der (in Deutschland) geringen bis mäßigen Rezeption dieser außergewöhnlichen Werke an. Zu beiden habe ich geforscht, auf ihren Spuren bin ich in hintere Winkel des mexikanischen Bundesstaats Oaxaca und nach Istanbul gereist: von wenig mehr als Ahnungen angetriebene Recherchejobs, deren Ausgaben die Einnahmen fraßen und deren ursprüngliche Grabungsabsichten nicht viel (und noch weniger wahrgenommenes) ans Licht beförderten zum einen, stattdessen Überlagerungsmomente mit meiner eigenen Biographie beschworen zum anderen, als beträchtlich empfundene oder von außen zugeschriebene Ähnlichkeiten, von Deckungsgleiche (die bisweilen für Sekunden aufflackerte) zugleich Welten entfernt und deren Nebeneffekte, zum dritten, die ursprünglichen Suchen bald überlagerten. Diese Künstler bezogen ihre Impulse aus – im Falle Cravans gewiss auch herbeiphantasierten, im Falle Güls derb überzeichneten, damit umso wahreren – Welterfahrungen. Cravan griff die bourgeoise Literatur- und Kunstwelt, aus der er selber stammte, mit proletarischen Methoden und Parolen an; eine überraschende, vorübergehend offenbar höchst erfolgreiche, aufsehenerregende Masche in den damaligen Salons mit ihrer »bürgerlichen Neigung zur auratischen Selbsterregung« (Martin Knepper). Doch fand er keine gesellschaftliche Bindung. Die Sternstunden des Kunstweltprovokateurs werden bis heute als Legenden weitergetragen, er selber war am Ende dauerklamm, brannte aus und verschwand. Den Job, sein Leben zu klären, überließ er Dritten – einigen dieser Dritten gelang es seither, vorübergehend Erwerbstätigkeiten aus dem hinterlassenen Mythos zu schöpfen.

Auf der Suche nach Relikten, die Arthur Cravan vor seinem Verschwinden in Mexiko hinterlassen haben könnte, bzw. nach möglicherweise noch unentdeckten Informationen auf seinen letzten vage bekannten Lebensstationen, gelangte ich in ein pazifisches Fischerdorf namens Puerto Ángel. Dort sprach mich ein Mann an. Er biete für Naturfreunde Bootstouren aufs Meer. Schildkröten gäbe es dort zu sehen, mit etwas Glück auch Wale. Versprechen könne er nichts, das Meer und dessen Tiere gehorchten ihren eigenen ungeschriebenen Gesetzen. Aber er kenne sich aus, könne erklären, habe dafür, das gehöre zum Job, Unmengen gelesen. Anders als sein Vater. Denn sein Elternhaus sei karg ausgestattet gewesen. Einen einzigen Schatz habe sein Vater besessen: das Gesamtwerk von Lord Byron. Wieder und wieder habe der Vater in diesem runden Dutzend Bände gelesen und mit leuchtenden Augen vom weltdurchdringenden Genie des Verfassers geschwärmt. Keinen anderen Autor habe der Vater je angefasst, sein Byron aber sei ihm heilig gewesen.

Die gleichzeitig auf ein Einzelwerk reduzierte und doch überaus wirkmächtige Literaturwelt im Elternhaus des mexikanischen Bootsführers, den sein Vater – natürlich! – auf den Namen Byron getauft hatte, erinnerte mich umgehend an das väterliche Bücherregal meiner Kindheit und Jugend. Ziemlich schmal, war es für einen Arbeiterhaushalt exquisit bestückt: Taschenbuchausgaben von Lessing, Schiller, Goethe, Heine, Nietzsche, das Gesamtwerk von Karl Kraus, aus dem angloamerikanischen Sprachraum Daniel Defoe, James Fenimore Cooper, George Orwell, Historienbücher zur französischen Revolution und Gebrauchslexika bildeten so etwas wie Herzstück und Filets, flankiert von Gebundenem, eher Zeitgenössischem aus dem Angebot der Büchergilde Gutenberg und dem bisschen Heile-Welt-Schund, den meine Mutter gern las, wenn sie sich einmal dazu durchrang. Die Bücherregale in den mit akademischen bis bedeutenden Posten dekorierten Elternhäusern meiner Klassenkamerad:innen waren um ein mehrfaches größer. Ich erinnere mich an komplette Bibliothekszimmer; zahlreiche Bände darin sahen mehr nach Wert- als nach Gebrauchsgegenständen aus.

Die Kinder dieser Eltern waren es, die nach den Sommerferien von lukrativen Ferienjobs berichteten, bei denen ich mich wunderte, woher sie diese Möglichkeiten kannten und wie sie an sie herangekommen waren. So trat der Begriff ›Vitamin B‹ in mein Leben, gemeinsam mit der verstörenden Erkenntnis offenbar genetisch bedingten Vitamin-B-Mangels. Es war die Zeit der Bildungsreform unter Willy Brandt. In der Schule wurde Chancengleichheit gepredigt. Mascha Kalékos Gedicht *Kinder reicher Leute* kam nicht im Unterricht vor, es wäre wohl zu nah an unserer Lebensrealität gewesen: »Sie kommen meist mit Abitur zur Welt, / – Zumindest aber schon mit Referenzen – / Und ziehn daraus die letzten Konsequenzen: / Wir sind die

Herren, denn unser ist das Geld.« – Deutschland befand sich in einer prosperierenden Phase und war fast richtig gerecht, gerechter nur noch Schweden. Beispiele für Ungerechtigkeiten, daraus modellierbares schlechtes Gewissen und entsprechende Spendenaktionen betrafen somit nie das konkrete Umfeld des Gymnasiums selbst, mit lediglich einer Handvoll Arbeiterkinder in meiner Jahrgangsstufe, sondern wurden exemplarisch in Afrika (Hungersnöte) oder Zentralamerika (Kinderausbeutung, United Fruit Company) und DDR (fehlende Meinungs- und Reisefreiheit) verortet. Die pubertierenden Bürgerkinder lehrten mich unterdessen Schimpfwörter für Schwaben, Elsässer, Pfälzer, spielerische Abgrenzung gegen »minderwertige« oder aufgrund irgendeiner Andersartigkeit hinter ihrem Rücken zu diffamierende Nachbarn, gedankenloses Ausprobieren von Distinktionsmechanismen, die dereinst, also heute, im diskreten, janusköpfigen, »erwachsenen« Charme der Bourgoisie münden sollten.

Sobald das Gesetz es erlaubte, verdiente ich eigenes Geld. Zuerst mit dem Austragen des Wochenblatts, eine sportliche, mies bezahlte Tätigkeit, bei der geschwindes Ausüben den Lohn in bescheidenem Rahmen zu steigern vermochte. Das dürfte bei Arthur Cravan, der auf eine Privatschule ging, anders gelaufen sein. Cravans lyrischen Wunschtätigkeiten stellt mein Leben mittlerweile ungefähr dreißig verschiedene reale Jobtätigkeiten entgegen, in alphabetischer Reihenfolge gehören dazu: Archivar, Filmvorführer, Fließbandarbeiter, Gärtner, Grafiker, Inventurhilfe, Journalist, Kartonagenfalter (eine seltene Schmetterlingsart), Kommissionierer, Kopierer, Krankenpfleger, Mädchen für alles, Marktverkäufer, Milchabfüller, Möbelpacker, Schreiner, Schwerstbehindertenbetreuer, Staplerfahrer, Trickfilmrüttler und -entruckler, Unternehmensberater, Volleyballtrainer, Warentexter, Zappes – den Rest habe ich verdrängt. Hinzu kommt eine verhältnismäßig große Bandbreite an Tätigkeiten, die mit dem Autorenberuf in direktem Zusammenhang stehen, von der Entwicklung von Computerprogrammen für textverarbeitendes Instrumentarium über Performances und Regiearbeiten bis hin zu repräsentativen, kulturdiplomatischen Aufgaben, Vorträgen und Workshops.

Unter den genannten Jobs waren einige prägend, bei geringer Bezahlung berührten sie die Grenzen von Physis und Seele: der Möbelpacker etwa weiß, wie Deutschland wohnt, also lebt, er betritt Villen und Sozialwohnungen, kennt Einrichtungen und hygienische Verhältnisse, die er in lateinamerikanischen Elendsvierteln weniger besorgniserregend vermutet hätte, sieht Verwahrlosung, Abstraktion und Repräsentanz, er findet Diebesgut und Blutflecken und wird mit der völligen Entfremdung des schöner Wohnenden mit seiner Umgebung konfrontiert (»Können Sie den Flügel nicht die Wendeltreppe hochtragen?«), er sieht Mieter zu Obdachlosen werden und teure Kunstoriginale an Neureichenwänden, er unterscheidet Auftraggeber nach Anweisungsfanatikern und respektvoll Ansuchenden; der Krankenpfleger weiß, wie Deutschland siecht und stirbt oder langsam bis zügig wieder genest und hat das Zweiklassensystem der Kassen- und Privatversicherten täglich vor Augen – der Möbelpacker und der Krankenpfleger: diese beiden Berufe allein wissen mehr über die Gesellschaft in ihrer Bandbreite als viele andere Berufe zusammen und sie wissen, dass weit angenehmere Tätigkeiten als die ihren weit besser bezahlt sind, weil die Menschen in attraktiveren Berufen attraktiveren Gesellschaftsschichten entstammen, die Techniken des Besitzstandwahrens, Drohens, Jammerns, sich Einrichtens seit Generationen effizienter beherrschen. Selbstredend prägen derartige Berufs- bzw. Joberfahrungen und formen non-bürgerliche Denk- und Schreibweisen.

Zusätzlich zur und mehr noch als die Joberfahrung prägte meine Weltsicht der Jahrtausendwende allerdings das aus ihrem Lohn bezahlbare, hier prekäre Umfeld, vulgo Leben: Grill-Imbiss, Discounter, Wohnheim, Indie-Club, Kneipenkultur, Bolzplatz, Sozialbau und Fahrrad- bzw. Autostopp-Rucksacktour, das im Gegensatz zu exklusiven Modemarken als Erkennungszeichen der Popliteratur und den himmelweit und -hoch gelobten Champignonpasteten und Gierschrevolutionen in den gepflegten Gärten und toskanischen Reverien der neobiedermeierlichen Dichtung der akademisch-kulinarischen Linken oder den enigmatisch-psychologischen Wortspielen smarter Wunderfrolleins, Professorentöchter des Olymp, stand, sich dazwischen bekennend postromantisch einrichtete, eine Textkultur, die von der bürgerlich geborenen und gebliebenen Kritik demonstrativ ignoriert oder naserümpfend an ihren angestammten Platz bei den Restmüllcontainern zurückverwiesen wurde.

Nun habe ich hier, mit Arthur Cravan beginnend, eine nette, leicht verschnörkelte historische Kurve gezeichnet und komme an den Punkt, an dem mir Hand und Herz stocken. Weil ich das, was ich formulieren möchte, nicht zusammenbekomme. Weil der Text keine wirkliche innere Logik aufweist und das auch gar nicht kann, weil ein Großbürgersohn vor hundert Jahren (Cravan) nicht mit einem Arbeitersohn von heute (der Autor) in einen Topf geworfen werden kann – immer noch nicht, verdammt nochmal! –, ohne dass fehlgehende, unausgeglichene Vergleiche entstehen. Der Punkt ist erreicht, an dem ich bemerke, wie sehr ich mich mit diesem Text quäle. Weil ich ihn eigentlich nicht schreiben will. Weil er überflüssig sein müsste. Es kann nicht ernsthaft die Frage sein, ob Berufserfahrungen und -notwendigkeiten Einfluss auf das literarische Schreiben nehmen. Selbstverständlich ist das so. Und selbstverständlich ist es so, dass gesellschaftlich ungleiche Voraussetzungen existieren und sich im Regelfall fortsetzen und dass dies im akademisch durchwirkten Literaturbetrieb ganz besonders der Fall ist und dass sich das nicht nur falsch anfühlt, sondern in einem stark autodidaktisch geprägten Berufsfeld schlicht und ergreifend falsch ist.

Ich quäle mich enorm damit, Selbstverständlichkeiten auszusprechen und dadurch in einem bürgerlich-akademisierten Umfeld nicht zuletzt auch Nachteile zu befürchten, deren Möglichkeit bereits im Vorfeld dieser Anthologie mehr oder minder durch die Blume kommuniziert wurden. Aber nein, fürchten muss ich solche Nachteile eigentlich nicht, denn sie sind ohnehin (wenngleich nicht offiziell) Status quo und setzen sich ja sowieso fort. Welche Autorin, welcher Autor mit Arbeiterklassenhintergrund hat im nach Selbstähnlichkeiten agierenden bürgerlichen Literaturbetrieb aufgrund ihrer/seiner Herkunft noch keine Diskriminierung erlebt oder vermutet? Bestenfalls diejenigen, die alle Berührungspunkte meiden. Ich quäle mich damit, meinen Zorn einzudämmen, weil auch dieser Text nichts zur Veränderung beitragen wird in einem Betrieb, der sich selbst genügt und seine Pfründe klassenintern vergibt und sich derzeit ostentativ mit anderen Gleichberechtigungspräferenzen schmückt, anstatt sich mit einem gerechten Klassenverhältnis zu beschäftigen, ein Verhältnis, das über Hautfarben und Geschlecht im Übrigen weltweit hinwegschreibt und um seine eigenen Wahrheiten und Geschmacksfragen rotiert, Wahrheiten, die unter dem Deckmantel der Subtilität sich nach Belieben drehen und wenden und beckmessern lassen, ein uralter Schriftgelehrtensport. (Wenn Olaf Scholz am 23.10.2020 twittert, neben Sexismus und Rassismus müsse auch Klassismus »angesprochen« werden, so verkehrt er die notwendigen Gewichtungen ins Gegenteil, denn Klassismus existiert weltweit unter allen Geschlechtern und

Hautfarben: verschwindet Klassismus zuerst, reißt dieses Gleichstellungsgeschehen den meisten Sexismus und Rassismus gleich mit in den Orkus – nicht aber umgekehrt.)

Im Februar 2021 hat Anke Stelling in der *Zeit* ein ungefähr zwei Tage lang stark beachtetes Interview mit dem Titel »Klasse durchdringt alles« gegeben, in dem sie Brecht zitiert (»Wär ich nicht arm, wärst du nicht reich.«), in dem ihre, unser aller »Scham, über Geld zu reden, es zu haben oder nicht« beschworen wird, und immer wieder die ungerechten Grundvoraussetzungen anklingen: »Wir machen zwar alle das Gleiche, aber nicht alle müssen davon leben.« (Ah ja, siehe oben: Cravan!) Ich könnte es auch so formulieren: Mein Vater hat für deinen geschuftet und gebuckelt, damit dein Vater dir etwas vererben kann. Nun ist Anke Stelling schwäbische Buchhändlertochter am Prenzlauer Berg. Wenn selbst westliche Bürgerkinder in den Klassenkampf ziehen, auf einem Terrain, das sie der angestammten Bewohnerschaft des Prenzlbergs abgenommen haben, ist das noch Klassenkampf oder schon Doppelmoral? Sabine Scho schrieb dazu auf Facebook, was meine Wahrnehmung zu gewissen Teilen deckt: »Das Upper-Class-Benehmen eignen sich alle Klassenaufsteiger:innen an, was bleibt ihnen auch anderes übrig, das Problem, indem sie den Anschluss suchen, orientieren sie sich selbst an denen, die schon Erfolg haben, statt denen zu welchem zu verhelfen, die ihn nicht haben und die eher der eigene Spiegel wären.« Der selbstzensierte Betrieb hat Platz für maximal ein paar innerbetriebliche »Außenseiter«, imagegebundene Proletenclowns, die dann »den Türken«, »das Tattoo«, ihre auf maximal zwei Begriffe festgelegte persönliche Wildnis auf ewig und drei Tage vor sich herzutragen haben.

Dieser Text ist in ein für Arbeiterkinder allgemein vergiftetes bis unzugängliches Klima hinein gesprochen, in dem, um ein exemplarisches Vorkommnis zu nennen, »literarische« Veranstaltungen zum Thema Armut zehn Euro Eintritt kosten, damit bloß keine ernsthaft Armen bzw. »Abgehängten« daran teilnehmen, sollten sie tatsächlich Interesse für das edle, »nachdenkliche« Gewäsch derjenigen aufbringen, die ihr Geld damit verdienen, über sie und ihre Lage zu »diskutieren«. Er ist in ein Klima hinein gesprochen, das vor Distinktion trieft und das Gegenteil behauptet. Ein System, dessen Exkludierte sich »unabhängig« nennen und am Rande mit normierten Bröckchen füttern lassen: die großen für die Großen, die kleinen für die Kleinen. Ein System, das nahezu offen mitteilt, nicht der Text sei in der Literatur relevant, sondern sein Umfeld: Verlagsname, Budgets, Werbemittel, Bündnisse mit der Kritik. Marktanalysen, die Märkte schaffen. Bourgeoise Verwebungen. Nicht die Idee ist entscheidend, sondern der zu erwartende Verdienst. Die proletarische Haltung, die ihre Leistung selber kennt und am Ende gar die feierliche Bestätigung durch Orden belächelt, muss besser ferngehalten werden. (Eventuell könnte sie nach dem Tod des Autors, der Autorin noch verwertbar sein.)

Mit präzisen Beispielen fortzufahren, wo die oben angerissenen Verhältnisse im Argen liegen, fiele mir leicht, doch habe ich die georderte Zeichenanzahl für diesen Text soeben erreicht und lege in proletarischer Manier pünktlich die Kelle nieder. Bestaunt diesen Text, bestätigt oder zerpflückt ihn. Er ist bezahlt, das ist die Hauptsache.

Nachtrag: Ob der letzte Satz tatsächlich zutreffen würde, war zum Zeitpunkt der Abgabe unklar, denn es tauchte plötzlich ein gelinde gesagt ungewöhnlicher Zusatzvertrag auf, den der Autor so nicht unterschreiben wollte. In diesem Zusammenhang sei der geneigten Leserschaft dringend zur Lektüre von Heinrich Bölls Rede »Ende der Bescheidenheit« zur Gründung des Verbands deutscher Schriftsteller (VS) vor 52 Jahren geraten, die mit dem vorliegenden Text partiell korrespondiert und offenbart, wie wenig sich seitdem verbessert und was sich für Autor:innen sogar noch verschlechtert hat.

Heute muss ich konsequent »nein« sagen, wenn man mir kein Honorar anbietet. Aus schlichter Notwendigkeit: Seit ich vom Schreiben leben muss (so privilegiert ich mich damit auch empfinde), kann ich es mir nicht mehr leisten, damit nichts zu verdienen.

Isabelle Lehn

JA UND NEIN, ABER IRGENDWIE DOCH

Wenn jemand mich nach meinem Beruf fragt, spanne ich die Bauchmuskeln an. Ich weiß, was nun folgen wird. Ein kleiner Schlagabtausch um einen umkämpften Begriff, den ich mir um den Hals hänge, als wäre meine Antwort nicht anrüchig. Aber es hilft nichts, ich muss in den Ring steigen. Denn ich behaupte: »Ich bin Schriftstellerin.«

So was sagt sich nicht leicht, obwohl ich es vor dem Spiegel geübt habe, während ich mir fest in die Augen blickte: *Es grünt so grün, the rain in spain, ich bin Schriftstellerin.* Mein Gegenüber legt die Stirn in Falten. Er macht sich bereit, und in den folgenden Runden wird es darum gehen, ob meine Behauptung seinen Angriffen standhalten kann und ich diesen Titel erfolgreich verteidigen werde.

Also los. Und da fragt er auch schon: »Interessant. Und was schreiben Sie so?«

Das ist die Anschlussfrage, es ist immer die Anschlussfrage.

Meine Freundin K. nennt sich lieber »Autorin«, um auf die Anschlussfrage eine einfache Antwort zu haben. Sie sage dann bloß noch: »Romane«.

Ich sage auch bloß »Romane«. Vielleicht noch »Kurzprosa und Essayistik«, wenn ich in Kampflaune bin. Trotzdem ärgert es mich, dass ich eingangs nicht »Autorin« geantwortet habe. Schön vage und unangreifbar, weniger mythenumrankt, ein Begriff, hinter dem man in Deckung gehen kann. Autorin für – irgendwas. Fachliteratur, Gebrauchsanleitungen, Werbeanzeigen. Damit ließe sich leben, und es ließe sich annehmen, dass ich davon leben kann. Aber Schriftstellerin?

Also weiter: »Und wo kann man das lesen?«

Ich nenne die Verlage, bei denen meine Bücher erschienen sind, zähle auf, was ich zuletzt veröffentlicht habe. Meine Ausbildung erwähne ich nicht. Eine Schriftstellerin, die ihr Handwerk gelernt haben will, mag irgendwo in Iowa zählen – hierzulande kommen Genies zur Welt. Damit auch ich als Genie geboren sein kann, verliere ich lieber kein Wort über die mühsamen und langen Jahre, in denen ich mir etwas erarbeitet habe. Ist sowieso egal. Mein Gegenüber hört nicht richtig zu. Seine Fragen sind bloß Täuschungsmanöver, Höflichkeitsfloskeln, bis er zum K.-o.-Schlag ausholt. Ich hole tief Luft und lasse es geschehen: »Und? Können Sie davon leben?«

Hoffnungen, Enttäuschungen

Es ist sicher kein Zufall, dass Richard Yates seiner Romanfigur Michael Davenport, einem kommerziell mäßig erfolgreichen Lyriker und Dramatiker, eine Jugend als Amateurboxer andichtet: Wenn Davenport sich durch Fragen zu seinem Beruf in die Enge getrieben fühlt, schlägt er zu, um das Gespräch zu beenden.

Vielleicht wäre auch Yates der Frage nach seinem beruflichen Erfolg gern auf diese Art ausgewichen. Sein vorletzter Roman *Young Hearts Crying* (1984), der auf Deutsch unter dem Titel *Eine strahlende Zukunft* (2014) erschien, ist ein bitterer Abgesang auf die enttäuschten Hoffnungen eines jungen Schriftstellers und sein stets unsicheres Verhältnis zum Geld – ein Roman, der unübersehbar autobiographische

Züge aufweist: Auch Yates war trotz des Erfolgs seines virtuosen Debüts *Revolutionary Road* (1961, dt. *Zeiten des Aufruhrs*) zeitlebens gezwungen, seine Schriftstellerexistenz durch Nebentätigkeiten zu finanzieren. In jungen Jahren war er als Texter und Redakteur auf der New Yorker Madison Avenue angestellt; nach Erscheinen seines Debüts versuchte er sich mit mäßigem Erfolg als Drehbuchautor, bevor er einige Monate als Redenschreiber für Justizminister Robert Kennedy arbeitete. In späteren Jahren waren es vor allem akademische Lehrtätigkeiten, die Yates ein Einkommen sicherten.

Einerseits brachten diese Brotberufe Yates Detailwissen ein, das er konsequent in seinen Romanen verwertete. Andererseits haderte er mit seinem Status als *writers' writer* – in akademischen Zirkeln und von Kollegen wie Kurt Vonnegut oder Richard Ford geschätzt, vom breiten Publikum aber am Ende seiner Laufbahn nahezu vergessen. Den internationalen Erfolg seiner Werke, die lange Zeit vergriffen waren und erst zehn Jahre nach Yates' Tod wiederentdeckt, neu aufgelegt und übersetzt wurden, erlebte der Autor nicht mehr – ebenso wenig wie die Hollywood-Verfilmung seines Debüts *Revolutionary Road* im Jahr 2008, die den Roman rund fünfzig Jahre nach seinem Erscheinen auf die Bestsellerlisten katapultierte.

Ein methodisches Leben: Werk vs. Welt

Der Traum, vom Schreiben leben zu können, ist immer auch der Wunsch, freier über Zeit für das Schreiben verfügen zu können.

»Um Zeit zum Schreiben zu haben, muß man auf Leben und Tod gegen Feinde kämpfen, die diese Zeit bedrohen, man muß diese Zeit der Welt entreißen, durch Entschlossenheit und ständige Überwachung.« – Jeder Schriftsteller, so ist Roland Barthes in seiner

Vorlesung *Die Vorbereitung des Romans* im Januar 1980 überzeugt, müsse sich der Notwendigkeit zur »Entfaltung eines methodischen Lebens« stellen. Darunter versteht er die Herausforderung, einen Rhythmus zwischen Schreib- und Lohnarbeit auszubilden (›Tageseinteilungen‹), mit den materiellen Anforderungen des Lebens umzugehen und ein Verhältnis zum Urteil der Gesellschaft zu entwickeln. Denn es gibt »eine Rivalität zwischen der Welt und dem Werk«. – Woher die Zeit für das Schreiben nehmen, wenn feste Erwerbsarbeitszeiten und die Bedürfnisse der Familie den Alltag bestimmen? Lieber am Miteinander sparen, den Rückzug in die Einsamkeit wählen? Oder besser auf Schlaf verzichten, die eigenen Reserven anzapfen? Und schließlich: In welchem Verhältnis müssen Zeit- und Energieaufwand eines Broterwerbs zum Einkommen stehen, damit ein Nebenjob sich mit dem Schreiben verbinden lässt?

Werk und Welt in Einklang zu bringen, kann ein langwieriger Prozess sein. Auch Yates' Protagonist Davenport hat Schwierigkeiten, ein tragfähiges Modell zu entwickeln: Seine erste Stelle in der Lizenzabteilung eines New Yorker Verlags erscheint ihm nahezu ideal. Niemand interessiert sich dafür, womit er sich im Büro beschäftigt, also kann er dort an seinen Gedichten arbeiten. Der Job wird allerdings so schlecht bezahlt, dass er nach der Geburt seiner Tochter eine Stelle als Redakteur bei einem Wirtschaftsmagazin antritt. Nun erlaubt sein Gehalt es der jungen Familie zwar, ein Haus in der Vorstadt zu mieten, doch die Schreibkammer wird bald zum Kinderzimmer umfunktioniert – der neue Job ist zu anspruchsvoll und Davenports literarische Arbeit kommt nahezu zum Erliegen.

Der Kompromiss: Die Familie zieht in ein günstigeres Haus auf dem Land, wo Davenport nur noch gelegentlich als freier Autor fürs Magazin schreiben will. Der Verzicht auf materielle Sicherheit zahlt sich für ihn aus: Er kann seinen ersten Gedichtband abschließen und veröffentlichen – und sich offiziell »Schriftsteller« nennen. Doch je mehr Bücher er im Laufe der Jahre publiziert, ohne davon leben zu können, desto mehr zweifelt er daran, diesen Titel tatsächlich verdient zu haben.

Denn schwerer als die finanziellen Entbehrungen wiegt der Legitimitätsdruck: Mit welchem Recht versteht er sich als Schriftsteller, wenn es doch die Lohnarbeit ist, die das Leben der Familie finanziert? Was als Übergangslösung gedacht war, wird zum Dauermodell: Davenport muss dazuverdienen, anders als seine Freunde, zwei bildende Künstler und ein Regisseur, die ausschließlich von ihrer künstlerischen Arbeit leben. Nur einer von ihnen endet schließlich als biederer Hochschuldozent im mittleren Westen – ein Schicksal, dem auch Davenport sich nach seiner Scheidung nicht mehr entziehen kann, obwohl er auf vermeintlich zweitklassige, akademisch alimentierte Schriftstellerexistenzen immer herabgeblickt hat.

Einkünfte und Lebensentwürfe

In einer Rezension der *Welt am Sonntag* wurden die verschiedenen Lebensmodelle der Künstlerfiguren, die in *Young Hearts Crying* versuchen, Werk und Welt zu verbinden, folgendermaßen charakterisiert: »Richard Yates seziert Lebenslügen.« – Aber ist es bereits eine Lüge, daran zu glauben, sein Auskommen im Schreiben finden zu können? Wo endet die Ehrlichkeit gegenüber sich selbst? Beginnt die Lüge bereits mit dem Verzicht auf materielle Sicherheit, um nicht mit der Zeit für das Schreiben bezahlen zu müssen? Ist es eine Lüge, lieber keine Familie zu gründen, um die vermeintliche Lüge, davon leben zu können, niemandem außer sich selbst aufzuzwingen? Bleibt es eine Lüge, lieber in einer Stadt mit günstigen Mieten auszuharren, als den Beruf wechseln zu müssen, der für das Leben an anderen Orten nicht genug einbringen würde? Ja oder nein?

Vielleicht ist schon diese Frage eine Lüge, weil es keine eindeutigen Antworten gibt, wie man schreibend ein »methodisches Leben« führt. Die Übergänge sind fließend, Wahrheit und Lüge zugleich, und genauso gut könnte Davenport sagen, dass er Glück gehabt habe, sein Geld nicht mit Gedichten verdienen zu müssen. Was für eine absurde Idee! Das Schreiben von Gedichten, könnte er sagen, sei aus anderen Gründen für ihn überlebensnotwendig. Er könnte die Abhängigkeit von seinem Arbeitgeber hervorheben, die Berechenbarkeit seines Jobs thematisieren, die ihm immer noch lieber sei, als seine Gedichte in ein Abhängigkeitsverhältnis zu zwingen, literarische Moden zu antizipieren, Rücksicht auf Markmechanismen zu nehmen und sich dem Druck auszusetzen, in kurzen Rhythmen zu publizieren. Seine Lyrik sei stattdessen frei in ihren Entscheidungen, verpflichtet allein eigenen ästhetischen Notwendigkeiten.

Aber natürlich sagt er das nicht. Weil er sich abhängig vom Urteil anderer fühlt, einer Gesellschaft, der er unbedingt angehören will. Also muss er sein Kassenbuch offenlegen, um nicht als Amateur missverstanden zu werden: jemand, der zwar liebt, was er tut, jedoch nie professionellen Status erhält. Wenn einer gut malen kann, sieht man das wenigstens. Doch einen Stift halten, auf einer Maschine tippen, zur Not mit drei Fingern, kann schließlich jeder. Mehr braucht es nicht zur Schriftstellerei. Ein »Schriftsteller« zu sein ist jedoch ein elitäres Konzept, zu dem nicht jeder Zutritt erhält. Also braucht Davenport Einnahmen, um sich vom Amateur zu unterscheiden. Er braucht, mit Bourdieu gesprochen, ökonomisches Kapital, um auch soziales Kapital zu erhalten und sich im Kreise seiner Künstlerkollegen zugehörig zu fühlen.

Schreiben und Rechnungen schreiben

»Quer durch die Jahrhunderte scheint es eine quasi naturgesetzliche Konstante zu sein, daß kaum einer je aus eigener (Schreib-)Kraft durch- und ausgekommen ist.« – Zu diesem Schluss kommt Birgit Vanderbeke in ihrem Vorwort zur erweiterten Neuauflage von *»Ich bin ganz, ganz tot, in vier Wochen«. Bettel- und Brandbriefe berühmter Schriftsteller* (2006). Auch ihr sei die Frage, ob sie vom Schreiben leben könne, »inzwischen wohl tausend Mal« gestellt worden. Nach 17 Jahren im Beruf pflege sie darauf zu antworten: »Eher nicht, aber irgendwie doch.«

Mir gefällt diese Antwort, denn auch ich bin noch nicht ganz tot, während ich diesen Text schreibe. Heute ist Abgabefrist, Deadline, aber ich habe vor, auch in vier Wochen noch am Leben zu sein. Und zwar durch das Schreiben. Dass es mir seit vier Jahren gelingt, davon zu leben, irgendwie doch und allen Zweifeln zum Trotz, überrascht mich selbst immer wieder. Aber vielleicht kann ich auf diese Frage heute bloß »ja« sagen, weil niemand genauer wissen will, was ich unter ›Leben‹ verstehe und worauf ich zu verzichten bereit bin, um dieses Leben zu führen.

»Ja« ist eine Antwort, die sehr viel verschweigt. Sie verschweigt, dass sie »irgendwie doch« lauten könnte und unter anderen Bedingungen genauso gut »nein«. Wenn dieses Leben nicht um mein Schreiben gezimmert wäre, maßgebaut als *ein Zimmer für mich allein*, in dem es mir möglich ist, das Werk vor der Welt zu verteidigen.

Mein »ja« verschweigt auch, dass das Schreiben jetzt mein Brotberuf ist. Es verschweigt, dass das Schreiben sich aufteilt: In das Schreiben für mich und das Schreiben für andere. In das Schreiben, das einen Zweck erfüllt, und das Schreiben, das zwecklos ist, manchmal vergeblich, aber freier von Vorgaben und Absichten. Wenn ich Glück habe, entsteht daraus ein Manuskript, für das ich vom Verlag einen Vorschuss erhalte (auch das ist natürlich ein Zweck, den ich nie ganz vergesse). Aus Manuskripten entstehen Bücher, die sich verkaufen lassen (wenn ich auch in diesem Punkt Glück habe) und mir Prozente einbringen, sobald der Vorschuss eingespielt ist.

Vermutlich fragt man mich eigentlich, wie gut sich meine Bücher verkaufen, wenn man wissen will, ob ich vom Schreiben leben kann. Dabei hängt vom Verkauf der Bücher nur ein Teil meines Einkommens ab. Auch das verschweige ich: Ich muss schreibend hinzuverdienen, nicht anders als Yates und all die anderen Schriftsteller:innen. Und auch dieser Text über das Geldverdienen wäre vermutlich nicht entstanden, wenn es kein Honorar dafür gäbe. So einfach ist das. Ich schreibe Auftragstexte, weil man mich dafür bezahlt, angefragte Texte wie diesen, die trotz aller Freude ein Broterwerb sind. Sie entstehen, um die anderen Texte zu finanzieren, die niemand von mir verlangt – und die ich jahrelang anzweifeln muss, bis ein Verlag die Verwertungsrechte erwirbt. Oder anders gesagt: Um das Werk frei vom Zweifel zu halten, brauche ich die Welt. Wobei auch das weltliche Schreiben, wenn es eine Brotarbeit ist, das Schreiben am Werk unterbricht und es erforderlich macht, »ein methodisches Leben« zu führen.

Was ich sonst noch verschweige: Dass ich mich nicht nur vom Schreiben, sondern auch vom Lesen ernähre. Und vom Sprechen über das Schreiben und Lesen. Und nicht zuletzt: vom Rechnungen schreiben. Doch auch hier will das »methodische Leben« austariert werden, denn: viele Rechnungen = oft unterwegs gewesen = wenig geschrieben.

Ich schreibe Rechnungen für Lesungen in Literaturhäusern und Buchhandlungen oder bei Literaturfestivals, schreibe Rechnungen für Podiumsdiskussionen, an denen ich teilnehme, Rechnungen für Vorträge und Keynotes, die ich bei Schriftstellertreffen halte, ich bekomme Honorare, wenn ich Radiointerviews gebe, an Podcast-Gesprächen mitwirke oder Romanauszüge für den Hörfunk einlese. Ich schreibe VG-Wort-Einträge, damit man mir Tantiemen bezahlt, schreibe Rechnungen, wenn ich eine Moderation übernehme. Ich schreibe Rechnungen für Workshops und Seminare, die ich gelegentlich unterrichte – für freie Träger, Kulturinstitutionen oder wechselnde Hochschulen, je nachdem, was sich ergibt.

Danke, nein, nicht für Gotteslohn

Wenn man all das addiert, lässt es sich auf eine einfache Formel bringen: Ich mache alles für Geld, was mit Schreiben zu tun hat. Meine Freundin K. will sich einen Spruch aufs Kopfkissen sticken, um sich daran zu erinnern, wie man in unserem Beruf überlebt: »Für Geld tue ich alles, ohne Geld mache ich nichts.«

Inzwischen habe ich Netzwerke, die mir Aufträge und Anfragen einbringen, Netzwerke, die mich heute finanziell tragen und vielleicht auch deshalb entstanden sind, weil ich früher zu allem »ja« gesagt habe – auch wenn es nicht oder nur schlecht bezahlt war. Heute muss ich konsequent »nein« sagen, wenn man mir kein Honorar anbietet. Aus schlichter Notwendigkeit: Seit ich vom Schreiben leben *muss* (so privilegiert ich mich damit auch empfinde), kann ich es mir nicht mehr leisten, damit nichts zu verdienen.

Vom Schreiben leben zu können, bedeutet also manchmal auch *nicht* zu schreiben – obwohl man es vielleicht gerne würde. Es bedeutet, zum Beispiel das Schreiben einer Pfingstpredigt abzulehnen, wenn es kein Honorar dafür gibt. Ein Honorar ließe sich nur schlecht mit diesem Anlass vereinbaren, erklärt mir der Pfarrer – und ein bisschen wundert es mich, dass man mich nicht dafür bezahlen kann, denn für *seine* Predigten erhält er ja ein Gehalt nach Tarifvertrag. Aber egal, in Fällen wie diesen sage ich ab, denn selbst in Gottes Namen kann ich keiner Veranstaltung zusagen, deren Kalkulation darauf basiert, dass ich mit meinem Ersparten bezahle.

Naja, sagt meine Freundin B. und versucht zu ergründen, wo ich die Grenze ziehen würde: Für wohltätige Zwecke würdest du aber aufs Honorar verzichten. Nein, würde ich nicht, sage ich harten Herzens. Ich bin da kategorisch: Ich lese nicht mehr für nichts. Nicht einmal »Gegen rechts« würde ich noch für nichts lesen! B. ist entsetzt, und ich erkläre ihr, was ich mir dabei denke: Sonst mache ich mir selbst Konkurrenz. Wer sollte mich noch für eine Lesung bezahlen, wenn er sie auch kostenlos haben kann, noch dazu zum guten Zweck? Nein. Wer Kultur umsonst haben will, verlangt den Preis von meinem Gewissen. Er (oder sie) erklärt mühsam aufgebaute Strukturen der Kultur- und Literaturförderung für obsolet. Dabei sind sie es, die kulturelle Vielfalt bewahren, indem sie Honorare finanzieren und es freischaffenden Künstler:innen ermöglichen, von ihrer Arbeit zu leben. Das werde ich ganz sicher nicht in Frage stellen.

»Werde ich davon leben können?«, so lautet also auch meine K.-o.-Frage. Zum Glück muss ich sie nicht mehr oft stellen. Anfragen gehen meistens an den Verlag oder meine Literaturagentur, die angebotenen Honorare sind fast immer angemessen, gelegentlich sogar: ganz gut. Trotzdem passiert es gelegentlich, dass ich diese Frage verdränge. Bei einem Interview, zu dem ich ins Studio gekommen war, wies die Journalistin mich darauf hin, dass ich vergessen habe, nach einer Aufwandsentschädigung zu fragen. Frauen, so ihre Erfahrung, hakten generell seltener nach als Männer, ob man sie für ihre Arbeit bezahle. Seitdem stelle ich diese Frage mit Penetranz, und sei es nur, um mir zu versichern, dass mein Glaube an die feministische Sache tiefer wurzelt als meine Scham.

Als Schriftstellerin leben zu wollen scheint ein unverschämter Wunsch zu sein. Ich fühle mich schamlos, wenn ich mich zu meinem Beruf äußere und erst einmal erklären muss, wie viel ich verdiene, um mich so nennen zu dürfen. Wenn ich heute davon leben kann, dann auch, weil ich die Scham überwunden habe, meinen Beruf als Beruf ernst zu nehmen, meine Arbeit als Arbeit anzuerkennen und ihr einen Preis beizumessen. Ich muss die Scham überwinden, unverschämt oft über Geld zu sprechen, mit Auftraggeber:innen oder Kolleg:innen, um besser kalkulieren zu können.

»Ja«, sage ich möglichst gelassen und finde trotzdem, dass ich unverschämt klinge. Womöglich weil ich verschweige, wie privilegiert ich mich fühle. Vielleicht aber auch, weil eine schamlose Frage eine unverschämte Antwort verdient. Ich überlege, ob ich beim nächsten Mal einfach zurück fragen sollte: »Und wie ist es bei Ihnen? Kommen Sie damit aus, was Sie mit Ihrer Arbeit verdienen?«

Die Kunst und die Poesie sind etwas, und das ist gut. Aber sie sind nicht besser als andere Dinge, die man tun kann. Es ist wichtig, dass jede Erinnerung zählt und alle Wissensformen gehört werden.

Swantje Lichtenstein

AUCH AN DEN ECKEN UND KANTEN

Abgesehen davon, dass ich Brot zwar mag, aber gar nicht so gut vertrage, habe ich unglaublich viele Arbeiten fürs Brot getan und zehre immer noch von all diesen Erfahrungen. Ich bewahrte mir den Mut und die Möglichkeit, Tätigkeiten nicht fortzusetzen, wenn sie nicht mehr passten, weil ich an nichts festhielt und ein großes Vertrauen hatte, dass es schon irgendwie weiterginge, mit allem und dem Überleben.

Ich hänge und hängte nie irgendein Selbstverständnis oder eine -definition an diese Tätigkeiten. Auch an das, was ich nun immer noch (ziemlich lange schon) tue fürs Brot. Ich kam zufällig dazu oder weil so Einiges zusammenkam, auseinanderdriftete, sich abspaltete und mich nicht oder nur ungern aufnahm. Ich versuche, diesen Weg vom Künstlerischen in die Hochschullehre im Nachvollzug zu beschreiben. Das kann allerdings immer nur eine Annäherung sein, Beispielsätze etc.

Samples sind Muster, Kuverts keine Cover, ein Terminus ist eine letzte Bestimmung, ein Wort ist auch etwas Körperliches und kann in einem Textkörper vorkommen. Sich dort einfinden, hinsetzen oder mit anderen Wörtern in Bewegung geraten. Ich könnte die Wörterhalden abräumen. Wege herum gehen. In Reihen, als Extensionen. Große Spannungsbögen aufziehen. Irgendwie agieren. Syntaktisch. Grammatisch. Doppelte Bindungen eingehen, Surprisen erzeugen. Oder mitwissend Volten schlagen. Wie kam das?

Weil ich immer unbeholfen in jedweder Form der Selbstvermarktung einerseits und der Zugehörigkeit andererseits war, habe ich zuerst Dinge für andere verkauft, immer wieder Bücher, aber auch Brot, Süßigkeiten, Spielzeug, Kleidung, Versicherungen, Bausparverträge, Renten beispielsweise; habe dann in Hallen tiefgekühlte Fische aufs Band gelegt, in Autofabriken Metallteile gewendet und bin nach Sandwichs gerannt, habe in Druckereien Papiere gepackt, in Teppichhandlungen Briefe adressiert, als Briefträgerin Post verteilt, im Postzentrum Pakete gewuchtet oder gestempelt, in diversen Callcentern ein- und ausgebunden, hunderte Telefonate täglich geführt und in der Nacht, ich habe in der Pflege und im Krankenhaus gearbeitet, beim Zahnarzt Besteck vorgelegt, in Lagern sortiert und gepackt, im Spielzeugladen verladen, in der Wäscherei meinen Unterarm in eine Mangel geklemmt, in der Reinigung gefaltet und aufgehängt, habe geputzt bei Menschen, deren Wohnungen so sauber waren, wie keins meiner Zimmer je sein wird. Ich habe in der Kantine und diversen Cafés, Clubs und Restaurants gekellnert, Karten abgerissen, war Hostess im Pressezentrum und auf Messen, war Garderobiere, habe in der Schule gejobbt, viele Kinder betreut, Alte und andere Lebewesen versorgt, beim Film und sonstigen Medien gearbeitet, beim Frühstücksfernsehen in der Nacht und am Morgen, als Aufnahmeleitung, Sendeleitung, als Producerin in Hindi-, Urdu- und Bengali-Radioprogrammen, als Lektorin im Kunstbuchverlag und an Universitäten auf diesem oder anderen Kontinenten; als stellvertretende Direktorin einer kolonialen Kulturinstitution in Südasien, als Lehrende für

Deutsch und Wirtschaftsenglisch, als Übersetzerin, als Lektorin in zwei Sprachen, als Assistentin in Werbeagenturen und mehreren Kanzleien, habe Makler:innen juristisch beraten und Jurist:innen sprachlich, Presse- und Öffentlichkeitsarbeit betrieben, Poster entworfen, Videos und Audiodateien archiviert, Blumen abgestaubt und eingegraben, in Galerien gearbeitet, kuratiert, habe Blut gespendet, als Redakteurin und Ghostwriterin geschrieben und noch eine Reihe weiterer Tätigkeiten, die ich nie als Profession angesehen habe, nie als Selbstverständnis von etwas, das mit mir mehr zu tun hatte, als meinen Lebensunterhalt zu finanzieren, um tun zu können, was ich tun wollte, was ich war oder bin oder habe oder kann.

Der Arbeitsbereich lag also in der Kunst und der Poesie, den Gelderwerb hinterfragte ich und suchte mir andere Wege zum Brot. Auf das ich, wie schon erwähnt, allergisch reagiere. Das schien zeichenhaft.

Also doch kein Deut Deutung? Ein Fingerzeig in die Luft geschrieben. Verpackte Lesbarkeiten und Wissen nicht in Kapseln oder Kugeln, die reiben und schürfen nur, die Scharniere schmieren, die Gelenke einrenken, die Höhlen haben sich ausgekugelt, die Nacken sind gestreckt und auf den Schultern lastet nichts mehr. Alles passiert zwischen den Gesichtern, im Blick und der Berührung und dem Angefasstsein. Woran knüpfe ich denn dann an?

Mir war früh klar, dass ich keine große Wahl hatte, weil mich alles interessierte und vieles abstieß. Weil ich zu schnell für viele war, mich nicht gerne grundlos zeigte, in vielen Kontexten ängstlich war, weil ich nicht reinpasste, zu komplex, als zu viel oder anders wahrgenommen wurde. Egal wo.

Das Verstecken in Büchern und hinter Wissen sollte so eine seltsame Art der Tarnung abgeben, die nie wirklich funktioniert hatte, zumindest dann nicht, wenn ich doch zu sprechen begann und damit etwas von mir zeigte. Es tauchten Fragen auf, was das und ich und alles bedeuten solle, wolle oder müsse. Dabei war und ist bis heute Bedeutung nicht der Grund (*Hinter- oder Vordergrund*) meiner Arbeiten, also mehr zu zeigen, als es nun einmal ist, ich oder wir alle sind. Vielleicht sind es immer erstmal nur Farbe oder Klang. Vor allem. Worin aller Sinn liegt.

Für mich ist jede Arbeit eher eine Art von Bezug oder Bezüglichkeit, die Möglichkeit etwas zu geben oder mich in Verbindung zu setzen, mit dem, was ist und war. Arbeit ist das, was mich verbindet und mir eine Kontaktfläche aufzeigt, auf der ich verweilen kann. Die fand sich in vielen Aktivitäten, Handlungsformen, ebenso wie in künstlerischen Positionen, in Texten, Bild- und Klangmaterial, Musiken, gefertigten Gegenständen, Gedanken, Worten, Materialien, Projektionen, laufend.

Da ich gelernt hatte zu lesen, künstlerisch zu handeln oder zu rezipieren, besaß ich immer schon viel. Das war ein Vorteil, das war eine Klarheit oder eine Art Gärungsprozess. Diese Gemengelage aus teigigen Teilchen, aus quellenden Materialien, Zutaten, die brachte und bringe ich mit, und darum scheint mir vieles leichter zu fallen. Und fast alles schwieriger zu machen.

Zumal in diesem verworrenen Kontext zwischen den Künsten, zumal in einem Bereich, von dem ich oft nicht weiß, wo er anfängt oder endet, wo die Grenzen und die Brücken sind; warum nicht alles in allem und mit allem verbunden sein kann. Für mich machen auch das Poetische, der Klang und das Performative nur dann Sinn, wenn es eine Verbindung herstellt: zu Dingen, Gedanken, Lebewesen, Büchern, Materialien, Düften, Klängen usf.

Das wird leider nicht zwangsläufig sofort erkannt. Das wird sogar manchmal ganz anders abgerechnet, zugeschrieben, abgepaust. Warum auch nicht. Das Konzept ist ein Rezept. Es zu verfolgen, führt manchmal zum Ziel, manchmal geht alles auch in eine andere Richtung. Verschließt sich, geht auf oder ab.

Beim Gehen des Brots entstehen Ausbünde und die Krume ist der Kern. Und die Brösel sind kleine Portionen, die herabfallen. Meistens sind sie in diesem Bild die Zeiten, die man hat, um am Eigenen zu arbeiten und nicht an den Arbeiten der anderen herumzustreichen, zu zappeln, einen Vortrag ins Raumlose zu gestalten. Das geht auf, es geht sich aus, es geht damit ganz gut. Es zeigen sich aber auch Grenzen, Ränder und Verkrustungen.

Der Rand ist die Rinde, ist das, was eine Grenze darstellt, zwischen Brot und nicht Brot, Innen und Außen, dem weichen und dem harten Teil des Laibs. Auf der Oberfläche können einschneidende Dinge geschehen und diese wiederum Ausbünde von Freude oder Lehrreichem sein. Der Teig geht. Geht auf. Der Laib wächst. Am eigenen Leibe. Das Leben schreitet voran. Tagwerke. Nachtwachen. Morgengründe. Abenddienste. Für die eigenen Arbeiten funktionierten vorrangig die Nächte. Das vertrug sich gut mit einem geringen Schlafbedarf.

Innen halte ich mich wach. Bemüht, mich selbst wieder aufzuwecken, wenn ich bedroht bin zu glauben, ich kenne mich aus. Wenn es so aussieht, als hätte ich einen Weg gefunden, dann scher ich erneut aus. Fange von vorne an. Die *weiße* westliche Überheblichkeit, dieser Glaube zu wissen und zwar mehr und besser und es ständig zu betonen, die versuchte ich mir nicht herauszunehmen. Der misstraue ich seit langer Zeit am allermeisten. Die Idee, meine Tätigkeit wäre eine geistige, bezweifelte ich. Das Hirn ist ein Organ, das Denken eine körperliche Aktivität und ganz und gar nicht abgetrennt vom Rest des Körpers. Vergisst man das, setzt man beim Lehren und Finden immer wieder vom Neuen an. Oder verlässt sein Gegenüber. Oder maßt sich etwas an. Oder denkt, dass man etwas Besonderes kann, sei oder benötige. Alles tragische Trugschlüsse.

Die Kunst und die Poesie sind etwas, und das ist gut. Aber sie sind nicht besser als andere Dinge, die man tun kann. Es ist wichtig, dass jede Erinnerung zählt und alle Wissensformen gehört werden.

Die Krume ist weich und warm, wenn sie frisch ist. Sie hat eine teigige Haut und einen atmenden Teil, der in sich zusammensacken kann. Die Krümel sind wie Samen und bröseln das gebackene Brot auseinander. Sie brechen, wenn man sie nicht sammelt, bündelt oder zueinander fegt. Das Brot gemeinsam zu brechen kann dazu dienen, festzustellen, ob man eine Sprache spricht, zueinander kommt oder gemeinsam geht. Ich habe mit vielen vieles gemein und bin doch eher eine Seitentür oder das Knäuschen.

Niemals wollte ich dort landen, wo ich landete, mit der Sprache, mit der Kunst, mit dem Brot. Letztendlich war Wuppertal daran schuld oder die Deutsche Bahn. Das lässt sich vielleicht nicht einmal so leicht trennen. Die späten Schichten beim Radio ließen mich nächtelang auf Bahnhöfen stehen und dort war es zu kalt. Also schaute ich mich um, wo sie jemand brauchen könnten, der eigentlich schon früh aus dem System herausgetreten war, weil künstlerische Positionen innerhalb der Sprache hierzulande immer noch wenig akademisch professionalisiert werden. So finden sich Menschen in seltsamen Studienfächern wieder, die irgendwie auch mit Sprache verbandelt sind, aber eben auf eine zumeist eher unpoetische, wenig künstlerische Weise.

In einem *Institut für natürliche und künstliche Sprachen* begann ich die Idee des Poetischen zu verfolgen, machte weiter mit den üblichen sogenannten geisteswissenschaftlichen Fächern, die ich irgendwie eher ersatzhalber studierte und damit war ich dort nicht allein. Die, denen es nichts ausmachte, was sie für wichtig nahmen, weil sie sich von sich selbst entfernt hatten, machten dort schnell Karriere. Mir bescheinigte man eine nicht zu bändigende Macht meines Hirns, dabei hatte ich angenommen, es würde irgendwo eine ruhige Bibliotheksecke für mich geben, in der ich übersehen werden konnten. Man nannte mich *die Isolierte.* Ich verstand wenig von dem, was um mich herum passierte, meine Meinung war nie mehrheitsfähig. Die Tatsache, dass ich dann oft noch richtig lag, ohne es zu wollen, oder sah, was zu sehen war, machte mich nicht beliebter, sonderte mich noch mehr ab.

Disputationen waren für Dissertant:innen nicht selten eher unappetitlich und zu Beginn des 21. Jahrhunderts auch zu oft mit 100 % *weiß* und männlich gelesenen Personen besetzt. Bei 37 Grad Außentemperatur am Tag meiner allerletzten Prüfung, die sich nicht wie vereinbart um den Sandmann und die Phantastik drehen sollte, sondern bei der ich von breitbeinig sich präsentierenden, alternden Professoren angehalten wurde, über Onanie und Kastrationsängste zu sprechen, bestätigte sich meine Ablehnung des Akademischen vollständig.

Es bot sich keine Idee mehr an, wie ich es je in solch einem System aushalten können würde. Diese Einweihung machte mich wachsamer denn je. Ich landete danach bei Anwälten, die ließen mich Satzungen schreiben. Als Ghostwriterin versuchte ich erst das System zu korrumpieren, schrieb weiter Promotionen und Abschlussarbeiten, dann erst begann ich mit der Poesie und der Kunst Ernst zu machen. Verstand, dass ich kein Spaß sein musste.

So hatte ich mich an allen Schnittstellen der Wissenschaft herumgerieben und hatte zu gut verstanden, auf welchem System diese Art des Denkens beruhte, diese Art, die ich nie unterstützte, da sie ausgrenzt, besser weiß, tötet oder betrügt, wenn man Glück hat. Ich begegnete mir mit all meinen Abgründen in diesem System und versuchte alle möglichen Anschlussstellen. Die Wissenschaft war ja auch zunächst nur eine Sprache. Es war ein Raum, in dem etwas entstehen kann und das tut es immer auch, immer noch. Es entsteht durch Menschen, die dorthin kommen, um zu lernen und sie heilen den Ort und die vermeintlich heiligen Hallen durch ihre Zweifel, eigene und andere Ideen, Erinnerungen und Körper.

Ich besetzte Schnittstellen, mittelte, vermittelte, zwischen Wissenschaft und Kunst, zwischen den Künsten, den Bühnen, den Räumen, den Klängen, den Bildern, horizontal und vertikal und auf den Transitstrecken. Brachte ins Gespräch und arbeitete polymedial, weil es nicht anders geht, weil viele Augen mehr sehen als Monaden. Weil Anschlussstellen offen stehen.

Mein Spaß zu lernen und Neues zu entdecken war das, worin die Wissenschaftlichkeit nur vordergründig bestand, zunächst verglich sie eher und versuchte gleich zu machen, d. h. zu normieren und alle

Unterschiede einzuebnen. Schwebend zwar. So eben. Aber eben doch begrenzt. Auf ganzer Fläche. Es ist viel mehr Wissen in der Welt, viele weitere Stimmen, Ideen, die auf andere Übertragungen und Verständnisse setzen als die europäische Wissenschaft. Bereits meine Dissertation handelte vom anderen, poetischen Wissen, ich versuche es immer noch auf allen Ebenen zu beweisen und scheitere besser zwar, denn in einem System, dass das Wissen begrenzt, ist das Scheitern der beste Beweis. Ich habe mich darauf, als Professorin mein Geld zu verdienen, nur eingelassen, weil es sich um eine künstlerische Professur handelt, in einem außerkünstlerischen Feld. Ich bin aus allem draußen und habe viele Freiheiten und oft auch Freude daran.

Die Grenzfläche ist die Phasengrenze. Ein Zwischenreich sogleich. Der Bereich, der von beiden Seiten bespielt wird, durch sie eingesetzt, von ihnen, von allen berührt wird, an-, aber nicht ausgedeutet. Anzufassen, zu packen, am Schopf, dem Zopf und Schlafittchen. An den Gelenken und Seiten. Scheibenweise.

Als künstlerisch-poetische Idee ist das Ganze ja sogar noch interessant. Es lässt sich leicht erkennen, dass das poetische Handeln, die sprachliche Performance durch Miteinander, Weitergabe, Diskurs, Widerstände, Grenzen gewichtiger werden, was sich und mich bestärkt. Immer wieder aufs Neue von vorne anzufangen. Immer wieder selbst aus dem Unwissen herausstarren in Augen, die trauen, trotzen und Angst haben, weil das Bildungssystem bereits einiges vernichtet und angerichtet hat, was rückgängig gemacht werden kann und muss. Dass man dann gemeinsam auf dem Weg ist. In den Prozess. Im Prozess bleibt. Und wieder von vorne.

Die Lehre ist auch ein künstlerisch-performativer Akt und wenn man wie ich die Freiheit hat, außerhalb der gewählten Bezüge und Kontexte zu stehen, deren Erwartungshaltungen enttäuschen zu dürfen oder sogar zu müssen, dann eröffnet das Räume, die auch der eigenen künstlerischen Arbeit wiederum zuträglich sind, weil sie eine Relation herstellen und viele neue Gedanken darüber beginnen. Eben nicht nur von denjenigen, die in den eingeweihten, poetischen, künstlerischen, literarischen Kreisen stehen, sondern auch denen, die nicht oder nie dazu gehören oder gehören wollen.

Es führte mich immer wieder zurück an einen wacheren, demütigeren, dankbaren Punkt. Zum Gedanken, dass das, was ich mache, schreibe, denke, nur eine kleine Gruppe interessiert. Darauf hatte mich eine sehr kluge Poetin zu Beginn meiner Arbeit hingewiesen, sie sagte mir: Für das, was du machst und denkst, geh lieber in ein internationales Feld; die Gruppe, die das im deutschsprachigen Raum interessiert, ist zu klein. Das war ein guter Verweis, der zwar von der eingeübten deutschen Sprache wegführte, aber genug infrage stellte, um mich alles immer wieder neu entdecken zu lassen und niemals glauben machte, ich wüsste, wie irgendetwas ginge oder ich würde mich gut genug auskennen. Sich nicht auszukennen ist ein großer Vorteil im künstlerischen Feld und für die eigene, geistige Gesundheit insgesamt. Und ganz besonders für jede Form der Lehre oder der Vermittlung.

Ich unterrichte seit fast zwei Jahrzehnten und habe es doch nie gelernt. Ich habe einzig und allein eine professionelle künstlerische Arbeit vorzuweisen, jedoch keinerlei didaktisch-pädagogische Ausbildung und ich würde behaupten, das ist für alle ein Gewinn. Ich kann etwas zu gut mit Sprache umgehen, aber das hilft mir hier nicht. Ich lasse mich gerne in Frage stellen und bin ernsthaft interessiert an anderen Gedanken und am gemeinsamen Lernen. Das wird jedoch oft genug als nicht-didaktisch erachtet. Ich langweile mich rasch und versuche mich immer auch selbst bei Laune zu halten und die, die mit mir lernen, eben auch.

Ich weiß zu viel, um an vielen Orten unterzukommen. Es lässt sich nichts erwarten davon, daran, aber in großen (Studierenden-)Gruppen findet sich immer eine:r, der oder die sich für einen Teil von dem, was ich erzähle, interessiert, ein Detail, ein Anknüpfungspunkt. Wissen macht ja nur Sinn, wenn es irgendjemandem etwas bringt, ob man es nun will oder nicht.

Warum ich mir so viel aneigne und so leicht und gerne lerne, weiß ich nicht, es ist einfach körperlich eine große Kapazität, etwas Neues aufzunehmen, vorhanden. Das ist weder gut noch schlecht, meistens eher hinderlich, weil es sich unterscheidet. Und die Differenz oder Andersartigkeit ist hierzulande allenfalls in der Theorie beliebt. Als mögliche Deutungsvielseitigkeit.

Immer doch bleiben die Deutung und die Antwort unabhängig voneinander, die Grenze ist man selbst, das Abgeneigte negiert nichts. Die Schnitte sind die Klebeflächen und Haftmittelchen, die agglutinieren, sich neu zusammensetzen, frisch frisieren und einen duftigen Dunst verströmen. Einen Hauch von einer Spur. An der langen Leine folge ich mir nach.

Was anders ist, weiß man nicht, aber wenn man es ist, merkt man rasch, dass es nicht unbedingt willkommen ist. In den künstlerisch-poetischen Aktivitäten ist Wissen eine redundante Referenz, sie zeigt sich oder zeigt sich nicht und kann nicht zwangsläufig erwartet werden, weder von den Produzierenden noch den Rezipierenden.

An einer Hochschule wirkt so eine Äußerung ein wenig dekadent, ist sie aber nicht, sie zeigt nur ein hohes Maß an Varianz an, die Möglichkeitsform einer unendlichen Annäherung an eine Welt, zu der Wissen eben auch gehört. Zumal das größtenteils kognitiv-analytische Wissen, das im Bildungssystem sich fundamentieren, exemplifizieren und amplifizieren soll. Auch über das Wortmaterial.

Auf der Seite der Seite, die Zustände markiert und nicht zum Einheitsbrei generiert. Mit dem Sinn. Der sich gibt, der sich frei gibt und nicht in der Vermischung von allem mit jedem und Sein mit dem Ganzen und den Wegen zum Ausdeuten und Wegleuchten und mit LEDs und Lkws und allem, was dem Klaren einen eingießt, was verklärt, erklärt und gegen Wände fährt.

Die Wissenschaft, die Poesie und die Kunst docken da an, wo sie in Kontakt gehen können, sich in die Relation erheben, von etwas und jemandem und dem, was da ist oder sein sollte. Es soll doch auch hier darum gehen das Brot gemeinsam zu brechen, zu teilen, egal welches: Injera, Challa, Pide, Chapati oder wegen mir auch Reis. Relevant ist, dass es nährt und verbindet. Beides wichtige Eigenschaften, um zu überleben.

Ich gebe kund, lege aus, töne zwischen und über die Dinge und Texte und Stoffe, die Reste und Schnittmengen. Schnittstellen sind kleinteilig, anschlussfähig, können sich gegenseitig unterstützen und erlauben den Austausch. Angenommen es gibt eben immer mindestens zwei Zustände eines Mediums, eines Seins, eines Menschen. Angenommen es gibt ein unsichtbares und ein oberflächliches Phänomen von allem. Allen Dingen. Auch an den Ecken und Kanten. Von Broten also ebenso wie den Künsten.

Die einzeln verstreuten Gedichte, die jährlichen Zahlungen der VG Wort, die paar Lesungen brachten nicht genug Geld ein. Ich kam irgendwie über die Runden, musste aber alles annehmen, was ich an bezahlten Schreibgelegenheiten bekam.

Sabine Schiffner

WAS MEIN LEBENSWEG MIT SPITZWEG ZU TUN HAT

Als ich mein Studium abgeschlossen hatte, konnte ich mir nicht vorstellen, jemals von meinem Schreiben zu leben. Ich hätte es, obwohl ich schon einiges veröffentlicht hatte, für größenwahnsinnig gehalten, zu behaupten, dass ich Schriftstellerin sei. Ich ging also ans Theater, um Regisseurin zu werden. Mein Vater war schockiert, als er erfuhr, wie wenig ich am Kölner Schauspielhaus verdiente: »Da hättest du ja gleich die Bäckerlehre machen können, wie ich es dir immer gesagt habe. Dann würdest du jetzt besser dastehen.« Feste Zeiten gab es am Theater nicht, eine 60-Stunden-Woche war selbstverständlich. Aber ich war immerhin im öffentlichen Dienst, was meine Eltern etwas beruhigte. Meine Mutter hätte es allerdings doch lieber gesehen, wenn ich Lehrerin geworden wäre. »Dann müsstest du dir keine Sorgen machen: als Beamtin, mit sechs Wochen Urlaub im Sommer, vor allem mit Sicherheit und Zeit für die Kinder, die du irgendwann haben wirst ...«

Bis zum Abschluss meines Studiums hatte ich mir mit Performances, Lesungen und Theaterinszenierungen wenig lokalen Ruhm erworben, aber keinen Pfennig verdient. Mein Leben, das erst richtig begann, als ich meinen Magister in der Tasche hatte und mein Vater mir den Studiengeldhahn abdrehte, so dass ich erstmalig selber für meinen Lebensunterhalt aufkommen musste, stellte ich mir damals so vor, dass ich von einer Arbeit leben wollte, die mich erfüllte, die meine Aufgabe war. Dass ich nun bei meiner ersten bezahlten Arbeit so wenig verdiente und doch fast rund um die Uhr beschäftigt war, war nicht schlimm. Erstens wurde ich von vielen darum beneidet, dass ich am Theater war – auch wenn oft nur die mir blöde vorkommende Frage kam: »Wie können sich bloß die Schauspieler immer so viel Text merken?« –, und zweitens hatte ich mir vorgenommen, nie im Leben etwas für Geld zu tun, was sich mit meinem Gewissen nicht vertrug; für die Atomindustrie tätig zu sein, für einen Autobauer oder in der Zigaretten- und Alkoholproduktion: nein, für kein Geld der Welt! Ich fühlte mich als Künstlerin und wollte die Welt mit meiner Arbeitskraft und Phantasie schöner und besser machen. Ich war stolz, dass ich an einem so angesehenen Theater eine Stelle bekommen hatte. Schreiben konnte ich ja weiterhin nebenher. Ich hatte zu diesem Zeitpunkt schon ein Vierteljahrhundert hinter mich gebracht. Ich fühlte mich reif und erwachsen. Und ich war glücklich.

Meine Eltern hatten mich bei meinen künstlerischen Ambitionen unterstützt, sie aber für eine Art Hobby gehalten. Ich durfte studieren, was ich wollte, und wenn ich Aufführungen oder Lesungen hatte, kamen sie und schauten interessiert zu. Interessiert ... und ein wenig skeptisch. Im Grunde war ich, während ich noch zur Schule ging, schon Theater spielte und Gedichte schrieb, bereits auf dem Weg hinaus aus dem bildungsbürgerlichen Leben, das sie führten, in dem sie mit Lehrern, Pastoren (meine Mutter), Kaufleuten und Kapitänen (mein Vater) befreundet waren, in dem sie sich mit ihren Lebensstellungen eine stabile Sicherheit geschaffen hatten. Meine Eltern hatten jung geheiratet und sich aufgrund ihrer linken Einstellung von ihren konservativen bzw. nationalsozialistischen Elternhäusern distanziert. Dass ich mich selber nun genauso weit von ihnen entfernte wie sie von ihren Elternhäusern und den von uns geliebten, aber stockkonservativen Großeltern, das konnte ich damals, als ich beschloss, mein Leben der Kunst zu widmen, noch nicht sehen.

Für meinen ersten Gedichtband, der während meiner Zeit am Schauspielhaus erschien, bekam ich die mir damals sehr groß vorkommende Summe von 500 Mark. Er erschien 1994 im Emons Verlag, in einer Reihe, die von der Kulturstiftung der Stadtsparkasse Köln finanziert wurde und trug den Titel *besteck im kopf*. Sein Erscheinen schlug keine hohen Wellen. Weder hatte ich danach bezahlte Lesungen, noch wurden die Gedichte überregional wahrgenommen. Zudem empfahl mir meine Mutter nach der Buchpräsentation den Besuch bei einem Psychotherapeuten. Aber ich hörte wieder einmal nicht auf sie und dachte nun ernsthaft darüber nach, ob ich nicht doch vom Schreiben leben wollte. Denn mein Vertrag am Theater lief aus und ich wusste nicht, ob ich mir eine neue Stelle suchen sollte. Dass ich genau zu dieser Zeit schwanger wurde, nahm mir die Entscheidung ab. Obwohl ich den Vater des Kindes erst wenige Wochen kannte, beschloss ich, es zu behalten. Ein Grund dafür war das Bild *Der arme Poet* von Spitzweg. Da ich keinen reichen Mann hatte – einen solchen hätte ich mir nach Ansicht meiner Eltern zusätzlich zu der ihrerseits erwünschten Lehrerinnenstelle suchen sollen, damit ich im Leben ja gut zurechtkam –, hatte ich mir beim Nachdenken über die Zukunft in letzter Zeit immer öfter vor dem Schlafengehen vorgestellt, eines Tages, in vielleicht dreißig oder vierzig Jahren, genauso arm, einsam und allein wie der Schreiberling mit seiner Schlafmütze in einer kleinen Kammer zu hausen. Mein Kind, so meinte ich nun, würde mich von diesem Schicksal erlösen. Wenn ich eines Tages arm, alt und krank wäre, wäre da wenigstens noch ein Mensch, der zu mir hielte. Mit der Geburt meines Sohnes ging meine Karriere am Theater endgültig zu

Ende. Aber das war mir egal. Ich hatte mich für ihn entschieden, ich war jetzt Mutter. Ich wurde dreißig. Und ich war glücklich.

Die ersten Monate nach der Geburt lebte ich vom Mutterschaftsgeld. Da der Vater meines Kindes kein Einkommen hatte – seines Studiums wegen, wie er mir sagte, in Wirklichkeit studierte er damals schon gar nicht mehr –, beantragte ich anschließend Sozialhilfe. Von jetzt an war all mein künstlerisches Denken auf das Schreiben ausgerichtet. Das Muttersein hatte einen enormen kreativen Schub ausgelöst. Oder war es das Zuhausesein? Wenn ich am Theater geblieben wäre, wäre ich wohl nicht zur Schriftstellerin geworden. Aber nun fing ich an, mich zu erinnern, mich selber in den bald zwei Kindern zu sehen; begann an Hörspielen zu arbeiten, schrieb weiterhin Gedichte und machte mir Gedanken über einen längeren Prosatext. Weil der Vater der Kinder immer noch kein Geld verdiente, nahm ich, sobald mein Sohn ein halbes Jahr alt war, alle Jobs an, die ich kriegen konnte, arbeitete für Film und Fernsehen als Schnittregisseurin, gab Seminare über mittelhochdeutsche Sprache und Kultur an der VHS, bereitete Schauspielschüler auf ihre Prüfung vor und lektorierte für einen Sachbuchverlag Kochbücher und Gartenratgeber. Damit hielt ich unsere Familie über Wasser, irgendwie. Dass es manchmal kaum für Windeln reichte, dass es oft tagelang nur Nudeln zum Mittagessen gab, war nicht so wichtig. Wichtiger war mir, dass ich nebenher noch schreiben konnte und dass meine Kinder die beste Förderung erhielten, gut angezogen waren und in einen privaten Kindergarten gingen. Die Vermieterin stundete schon mal die Miete, die Schwiegereltern brachten Essen. Das Schreiben erledigte ich irgendwie zwischendurch, oft frühmorgens oder nachts in der Küche am Tisch sitzend, denn ich hatte keinen eigenen Arbeitsplatz in unserer Wohnung. Als ich in Bremen für den NDR einen Kurzfilm über Henrich Focke drehte, einen Ingenieur und Flugzeugpionier, dessen biographische Notizen mich begeistert hatten, kam in mir die Idee auf, über ihn etwas Längeres zu schreiben. Inzwischen war ich zwar in der Künstlersozialkasse als Autorin angemeldet, fühlte mich aber immer noch nicht wirklich als Schriftstellerin, erzählte auch so gut wie niemandem davon, dass ich schrieb. »Kannst du denn davon leben?« wäre automatisch die Erwiderung gewesen; das werde ich noch heute fast immer gefragt, wenn ich erzähle, was ich tue. Während ich also anfing, über Henrich Focke zu schreiben, merkte ich, dass ich mich vor allem deshalb für ihn interessierte, weil er in Bremen gelebt hatte, zu einer Zeit, als meine Urgroßmutter jung gewesen war. Und plötzlich dachte ich: Verdammt, warum schreibst du über diesen Mann, du willst doch viel lieber über deine Urgroßmutter schreiben. Als mir das klar wurde, träumte ich den Titel für das Buch: *Kindbettfieber*. Ich wollte über vier Frauen schreiben, die im Kindbett, das ich selber nach der Geburt meiner Tochter gerade erst verlassen hatte, über ihr Leben nachsannen. Für das erste rauschhaft niedergeschriebene Kapitel bekam ich 2001 den Bremer Autorenpreis. 2002 folgte ein Aufenthaltsstipendium im Künstlerhaus Lukas in Ahrenshoop. Ich konnte Kinder, Familie, Wohnung und Geldverdienenmüssen für einen Monat hinter mir lassen. Vier Wochen arbeitete ich wie eine Besessene, schrieb in der kurzen Zeit einen großen Zyklus von Gedichten, die zur Grundlage meines Gedichtbandes *Male* wurden, und stellte meinen Roman fertig. Vom Vater meiner Kinder, der mich, als er das Manuskript von *Kindbettfieber* las, lächerlich machte und Freunden erzählte, er könne das viel besser, trennte ich mich im darauffolgenden Jahr. Er zog in meine ehemalige Studentenbude und zahlt bis heute keinen Pfennig Unterhalt. Mein erster Roman war fertig, ich kopierte ihn vierzigmal, schickte ihn an vierzig Verlage – und begann gleich den zweiten, in dem es um mich ging und um mein Leben in meiner Wohnung mit meinen beiden Kindern. In diesem Roman, einer Art

Krimi, ermordet die Protagonistin, die Ähnlichkeit mit mir hatte, ihren Mann aus Versehen. In der Wirklichkeit musste ich mir Geld von einem Freund leihen, um zurechtzukommen. Ich war alleinerziehende Mutter, und die Kinder raubten mir mit ihren dauernden Krankheiten den Nachtschlaf und alle verbliebene Kraft. Ich überlegte, mein Leben noch einmal zu ändern und fing ein Lehramtsstudium an. Aber nach zwei Monaten wurde ich schwer krank. Meine Mutter reiste nach Köln, um mich zu pflegen und sich um die Kinder zu kümmern. Sie machte mir Vorwürfe wegen meines Lebens. Da kam, auf dem Höhepunkt meiner Krankheit, der erlösende Anruf von S. Fischer, der für die nächsten paar Jahre alles änderte. Ich wurde gesund, fuhr nach Frankfurt und bekam für *Kindbettfieber*, das alle anderen Verlage abgelehnt hatten, 10.000 Euro Vorschuss, von dem ich meine Schulden abbezahlen konnte. Das Buch war erfolgreich und ich erhielt Literaturpreise und Stipendien, um die ich mich noch nicht einmal bewerben musste. Zum ersten Mal in meinem Leben war ich stolz darauf, mich Schriftstellerin nennen zu können. An meinem vierzigsten Geburtstag, dem Tag, als das Buch erschien, war ich sehr glücklich.

Ich hatte Auftritte im Fernsehen, der S. Fischer Verlag wollte mich auf Lebenszeit verpflichten, meine Eltern verfolgten begeistert die Karriere ihrer ältesten Tochter, die sie so lange für einen aussichtslosen Fall gehalten hatten. Im Anschluss an den Roman erschienen mehrere Gedichtbände. Hatte ich jedoch für meinen Roman, der in drei Auflagen und später als Taschenbuch erschien, noch reichlich Vorschuss bekommen, waren es für die Gedichtbände höchstens 1000 Euro. Wie lange man davon leben kann, wenn man monatlich 800 Euro Miete zahlt? Die einzeln verstreuten Gedichte, die jährlichen Zahlungen der VG Wort, die paar Lesungen brachten nicht genug Geld ein. Ich kam irgendwie über die Runden, musste aber alles annehmen, was ich an bezahlten Schreibgelegenheiten bekam. Die einzige feste Einnahmequelle war in dieser Zeit die *FAZ*, die fast monatlich ein Gedicht von mir veröffentlichte.

Ich bekam ein Aufenthaltsstipendium in Schloss Wiepersdorf, wo ich mich in einen spanischen Schriftsteller verliebte. Nach einiger Zeit war ich mit meiner finanziell unsicheren Situation überanstrengt, die vielen Reisen zu Lesungen und zu meinem Geliebten zehrten an meiner Kraft und das Geld reichte hinten und vorne nicht, ich musste Wohngeld beantragen. Ich sehnte mich nach Sicherheit und Ruhe für mich und meine Kinder. Wir beschlossen, dass wir zu meinem Freund ziehen wollten, der als Jurist fest angestellt war und gut verdiente. Er hatte ein großes Haus und es gab, ganz in der Nähe, eine sehr gute kleine Dorfschule. Ich verkaufte meine vielen Möbel, löste unsere Familienwohnung auf und zog mit den Kindern nach Spanien, weil ich glaubte, dort, nah am Himmel und mit Blick auf das Meer, die Glocken des Paradieses läuten hören zu können. Ich war inzwischen fast fünfundvierzig Jahre alt. Und ich dachte, dass ich endlich mein Glück gefunden hätte.

Aber das Leben in Spanien war teuer und mein Lebensgefährte wurde immer unzufriedener, je mehr mein Konto in die Miesen rutschte. Lesungen hatte ich kaum noch, Aufenthaltsstipendien konnte ich nicht mehr annehmen. Ich schrieb an einem historischen Roman über zwei U-Bootfahrer, für den ich bei S. Fischer einen Optionsvertrag hatte. Immer wieder ging das Manuskript neu lektoriert hin und her. Nach zwei Jahren kam dann die Absage. Ich suchte lange und fand schließlich eine Arbeit, wurde als Hausdame für einen Schweizer Milliardär angestellt, der auf Weltreise mit seiner Segelyacht gewesen war und nun für neun Monate auf seine schlossartige Finca kam. Seine Privatsekretärin sagte mir, ich sei gut geeignet für diesen Job, ich käme wie sie vom Theater und man müsse einen Sinn für

Theatralik haben. Am ersten Arbeitstag – ich zog gerade meine Hausdamenuniform an –, nahm ich mir vor, während dieser Zeit Tagebuch zu führen und es anschließend zu einem literarischen Text umzuarbeiten. Ich verdiente 1700 Euro im Monat, für spanische Verhältnisse viel Geld, arbeitete aber schon wieder sechzig Stunden die Woche, ging also morgens hin, kam nachts oft erst um 1 oder 2 Uhr nach Hause, arbeitete auch am Wochenende und hatte laut Vertrag kein Anrecht auf Urlaub. Ich wartete meinem exzentrischen Dienstherrn auf, engagierte und hielt die Bediensteten in Schach, kaufte Pferde und Weihnachtsschmuck, organisierte und betreute seine Feste, zu denen Diktatorenkinder, Societydamen und Adlige kamen. Als die neun Monate vorüber waren, hatte ich 200 Seiten Notizen und musste mir sofort eine neue Arbeit suchen. Jetzt arbeitete ich als Vertretungskraft in einer Rechtsanwaltskanzlei, die deutschen Klienten Luxusvillen auf Mallorca vermittelte. Ich musste für sie Behördengänge erledigen, Steuernummern besorgen und Versicherungen abschließen. Wir zogen nach Palma in eine Wohnung, weil mein spanischer Freund in seinem Haus seine Ruhe haben wollte. Das war der Anfang vom Ende unserer Beziehung.

Anfang 2011, auf dem Höhepunkt der Finanzkrise, fand ich in Spanien keine Arbeit mehr. Die Arbeitslosen standen Schlange vor den Essensausgabestellen und ich zog mit den Kindern wieder zurück nach Köln, nahm mein Klavier, einige wenige Möbel und meine Bücher und Manuskripte mit. Freunde liehen mir Geld, andere nahmen uns bei sich auf. Ich erfuhr auf dem Amt, dass ich 11.000 Euro Steuerschulden begleichen müsse, weil ich in Spanien unrechtmäßig Kindergeld aus Deutschland bezogen hatte und bekam, weil ich völlig mittellos war, Hartz IV, das jedoch mit einer Bedingung verbunden war: Ich musste mir sofort Arbeit suchen. Ich fand eine Wohnung bei einer freundlichen älteren Dame, die Kinder und Klavierspiel liebte, die auch keinen Gehaltsnachweis und keine Kaution sehen wollte. Ich ging zum Arbeitsamt. »Ich sehe gerade, dass Sie vorher in einem Haushalt tätig waren. Da habe ich eine gute Idee«, sagte mir die junge blondierte Frau, die nicht aufgesehen hatte, als ich zur Tür hereingekommen war. »Bei uns im Chorweilercenter macht ein Mäckes auf. Sie sind doch Akademikerin. Da können Sie als Führungskraft arbeiten. Ihre Kinder sind inzwischen ja groß, Sie sind doch zeitlich unabhängig ...« Als ich wie betäubt zurück in meiner Wohnung war, tat ich etwas, was meinen Eltern gut gefiel: Ich bewarb mich auf eine Stelle als Vertretungslehrerin für Musik und Geschichte an einer Realschule. Und bekam sie. Kurz danach erhielt ich wieder Stipendien und Preise für meine Gedichte. Ich arbeitete weiter als Lehrerin, begleitete in den Ferien spanischsprachige Gruppen als Reiseführerin und überarbeitete mein Arbeitstagebuch einer Hausdame zu einem autofiktionalen Roman mit dem Titel »Dichten und Dienen«. Meine Literaturagenten, die ich mir auf Anraten von S. Fischer gesucht hatte, waren davon begeistert, fanden aber keinen Verlag, der ihre Begeisterung geteilt hätte. Ich hangelte mich als Lehrerin von Vertretungsstelle zu Vertretungsstelle, hetzte zwischen zwei Schulen, an denen ich unterrichtete, hin und her, ging zwischendurch in mein Stipendiums-Schreibatelier im Herzen Kölns, wo ich an Gedichten arbeitete, Bottlepartys mit Lesungen sowie Ausstellungen veranstaltete, und raste mit schlechtem Gewissen zurück nach Hause, wo die Kinder auf das Essen warteten. Wenn die Vertretungsstellen ausliefen, erhielt ich manchmal eine Weile Arbeitslosengeld und konnte erneut eine Zeit lang nur schreiben. Ich bekam die Ehrengabe der Deutschen Schillerstiftung für meine Gedichte und zog erneut mit einem Mann zusammen, einem Richter, diesmal nach Aachen und in sein Haus, das wir gemeinsam umbauten. Aber der Mann hatte Schulden und ging fremd und ich musste mit den Kindern bei Nacht und Nebel wieder nach Köln zurückziehen. Jetzt halfen mir zwei sehr freundliche Literatursponsoren, die mir für ein halbes Jahr ihre Wohnung zur Verfügung stellten. Ich jobbte als Kindermädchen für eine ukrainische Managerin, ein neuer Lyrikband erschien, meine Tochter machte ihr Abitur und wir waren sehr erleichtert, dass wir wieder zurück am Rhein waren.

Im Sommer des nächsten Jahres fand ich wieder eine Vermieterin, die auf Kaution sowie Einkommensnachweis verzichtete und uns eine Wohnung vermietete. Ich bewarb mich auf eine Vertretungsstelle als Lehrerin für Kunst und praktische Philosophie. Als ich das erste Mal mit dem Fahrrad zu meiner neuen Schule fuhr, überquerte ich die Severinsbrücke und dachte plötzlich, dass ich gern über die Arbeit schreiben würde. Ich nahm mir vor, mir jeden Tag beim Überqueren der Brücke zu merken, was passiert war und es abends zu notieren. Ich wusste, wie vereinnahmend und anstrengend der Lehrjob an dieser Realschule mit einem Migrationsanteil von 82 Prozent sein würde. Aber das monatliche Gehalt deckte immerhin meine Miete und alle Festkosten. Hinzu kamen in der Folge einige Übersetzungsaufträge von Gedichtbänden, die ich auch in manchen Schulpausen und Freistunden bearbeitete, und in den Ferien war ich wieder als Reiseleiterin tätig oder hielt mich, wie in den Osterferien des Jahres 2019, mit einem Übersetzerstipendium des Georgian National Book Centers in Tiflis auf. Mit der Fertigstellung der abendlichen Heimwegnotizen von »Überbrücken« begann ich im Februar 2020, mein Vertretungsvertrag lief wieder einmal aus und ich bekam für ein paar Monate Arbeitslosengeld. Es war genau der richtige Zeitpunkt! Die Stadt war still, die Sonne schien in diesem Frühjahr ganz herrlich, ich hatte kaum Verabredungen, die mich abgelenkt hätten, und meine Tochter war vom Studium in Berlin zu mir gekommen und lag nebenan in ihrem Kinderzimmer, so dass ich mich nicht als einsame Poetin fühlen musste. Ich bekam im Herbst ein Künstlerstipendium der Landesregierung NRW und konnte in meiner Wohnung rund um die Uhr dem nachgehen, was ich am liebsten tue: Schreiben! Ich wurde fünfundfünfzig Jahre alt und feierte trotz Corona mit mehreren Freunden. Am Abend meines Geburtstages ging ich sehr glücklich schlafen. Ich war Schriftstellerin und war stolz darauf und daran war überhaupt nichts Größenwahnsinniges mehr.

Ich fürchte, ein Teil der Brotjobmisere ist absolut hausgemacht. Nicht umsonst stecken viele mit Mitte vierzig in der Umschulung, die da schlussendlich feststellen, es wird nach hinten raus nicht besser, wenn es vorne schon schlecht begann. Letzter Ausweg derer, die dabei bleiben, heißt dann meist: Lehre. Ein anderer: Dienstleistung.

Sabine Scho

BUT DOES IT PAY? – WARUM NICHT DICHTER:INNEN SO BEZAHLEN, DASS SIE DAVON LEBEN KÖNNTEN?

Ich fuhr vor vielen Jahren durch den Titus Canyon im Death Valley mit einem nicht gerade offroadtauglichen Fahrzeug. Auf der Hälfte der Strecke eskortierte mich ein amerikanisches Paar mit ihrem Dodge. An jeder Ghost Town stiegen wir gemeinsam aus, fotografierten und unterhielten uns. Nach dem zweiten oder dritten Stopp, als ich bekannte, ich sei Dichterin und dank eines Stipendiums der Villa Aurora gerade in Los Angeles, kam ihre unvermeidliche Frage: But does it pay?

Zunächst einmal weise ich das Ansinnen zurück, Auskünfte darüber zu erteilen, wie ich meine Kunst finanziere, aber ich mag dem Nachspüren, was mich seit zwanzig Jahren, die ich nun bereits im Literaturbetrieb bin, immer beschäftigt hat, die Frage danach: Kannst du dir deine Kunst leisten?

Vermutlich verstehe ich bis heute nicht so wirklich, dass ein Sektor wie die Kultur, der in Summe viele Arbeitsplätze schafft und erhält, für die einzelnen, unständig beschäftigten Protagonist:innen einfach nicht vorsieht, dass sie jenseits von kurzfristigen Entlohnungen – in meinem Metier meist Projektfinanzierungen und Lesungen – auf längerfristige Unterstützungen hoffen dürfen, von Stipendien und Preisen einmal abgesehen.

Künstler:innen, Autor:innen sind Austauschware für den sie umgebenden Markt, der mit und an ihnen verdient und sich so erhält. Sie werden es in dem Maße weniger, wie sie diesem Markt mehr Geld in die Kassen spülen und mehr Aufmerksamkeit bringen. Merken lassen möchte man sie das in der Regel auch dann nicht, denn die Regeln sollen sie lieber nicht mitbestimmen.

Es wird Zeit, darüber zu reden, denn wohl von wenigen wird so schamlos genommen mit dem Verweis darauf, dass es sie ja bekannt mache und Werbung für ihre Produkte sei. Nur, die wenigsten Urheber:innen verdienen wirklich an ihnen. Übrig bleibt oft nur die Annahme, dass es uns ja schließlich im Überfluss gibt und wir schon froh sein dürfen, überhaupt gefragt zu werden. Und wenn wir dann bekannt(er) sind, sollen wir uns am besten mit Bekanntheit begnügen, denn andere haben ja dafür die Arbeit geleistet, dass der Spot nun auf uns liegt. Was ja ein Teil der Wahrheit ist, aber einen anderen Teil inzwischen vollkommen zu marginalisieren droht: die Urheber:innen der Werke. Die, die mit für die Spots sorgen, stehen ja zumeist in Lohn und Brot dafür, dass sie uns bei unserer ›Selbstverwirklichung‹ helfen, nur, irgendetwas geht nicht wirklich auf an dieser Idee, dass es nur Selbstverwirklichung sei, wenn andere Berufe sich darauf gründen. So kommt es mir mehr und mehr vor, und schaue ich mir Jahr für Jahr die Einkommensstatistik der Künstlersozialkasse an, zu der ich nicht einmal gehöre – und nicht, weil ich dafür nicht genug Einnahmen als Autorin generierte –, gibt mir die zunächst nur gefühlte Benachteiligung recht: Davon kann kein Mensch leben, also muss es noch andere Jobs, sogenannte Brotjobs geben, dabei ist jeder

Job, den ich als Autorin annehme, ein Brotjob! Würde ich schier gar nichts mehr verdienen damit, würde ich es lassen (müssen). Das offen auszusprechen, ist aber nicht das, was Gesellschaft von Künstler:innen hören möchte, sie verlangt Passion um den Preis des Darbens. Wenngleich alle wirklich bekannten Autor:innen nicht ganz arm bleiben, wirklich wohlhabend werden sie selten. Relative Bekanntheit steht in keinem ausgewogenen Verhältnis zu Auskommen und Vermögen bei Künstler:innen.

Kunst für Geld, davon möchte oft genug nicht mal die eigene Zunft etwas wissen, weil sie die Scharade zu gut beherrscht, es nie nicht für Geld zu machen, die ihr aber letztlich die Suppe mit einbrockt, in der dann alle von uns schwimmen.

Ist es da ein Wunder, dass nicht wenige auf die andere Seite wechseln? Etwas Geschäftssinn vorausgesetzt: Bücher herausgeben, Ausstellungen kuratieren, Verlage gründen und Buchhandlungen eröffnen, weil sie merken, sie können gar nicht in dem Maße selbst produzieren, wie sie nicht daran verdienen.

Es wird also Zeit, dass nicht die Frage nach den Brotjobs gestellt wird, mit denen Künstler:innen ihre Kunst finanzieren, sondern die Frage danach, wer verdient eigentlich was mit ihnen und ihrer Kunst und warum fällt für sie selbst dabei so wenig ab, dass viele von ihnen noch einem Brotjob nachgehen müssen.

Ein Teil der Wahrheit heißt: Die, die darüber befinden, kennen und kannten es selbst nicht anders. Sind zum Beispiel unrentable Honorare einmal gesetzt, reproduzieren sie sich leicht. Man schaut, wie halten es die anderen, bemisst daran seine Förderanträge und verlangt erst gar nicht mehr, es wird ja auch nicht angeboten.

Ein Lyriker und heutiger Literaturhausleiter sagte mir einmal, als er sein erstes Haus übernahm: Diese Honorare wird es mit mir nicht mehr geben! Ein alter Vertrag von Frau Kronauer war der Anlass für seine Aussage.

Es klang, wie mir damals schien, weniger Bedauern an, als eine aus eigener Erfahrung erworbene Ungläubigkeit, dass man in Literaturhäusern anders verdienen können sollte, als man es von den selbst ausgerichteten Veranstaltungen zu Studienzeiten kannte. Man wusste ja: es geht auch billiger. Auf diesem Wissen basiert der Kapitalismus und er macht vorm Kulturbetrieb nicht halt. Offenbar und durchaus nachvollziehbar dachte man sich vermutlich: Aber wir haben doch damals nicht weniger spannende Veranstaltungen gestemmt und die Autor:innen kamen auch für weniger Geld.

Ich fürchte, ein Teil der Brotjobmisere ist absolut hausgemacht. Nicht umsonst stecken viele mit Mitte vierzig in der Umschulung, die da schlussendlich feststellen, es wird nach hinten raus nicht besser, wenn es vorne schon schlecht begann. Letzter Ausweg derer, die dabei bleiben, heißt dann meist: Lehre. Ein anderer: Dienstleistung. Schrieb man vorher schon auf Auftrag nach Anfrage, fragt man jetzt um Aufträge. Gewiss scheint mir nur, beinahe alle, deren Namen präsenter wurden, müssen früher oder später ihren Brotjob aufgeben, denn der Betrieb verlangt ständige Verfügbarkeit und die ist mit kaum einem anderen Job vereinbar. Wenn man die Wahrnehmungsschwelle einmal genommen hat, wird die Kunst der Brotjob und wenn dieser Brotjob wenig Brot bringt, versuchen alle die Quadratur des Kreises: Noch mehr Kunstbrotjobs an Land ziehen. Wenige davon sind nachhaltig und lassen sich verstetigen. Meist heißt das, alle vier Monate wieder neue Anträge für neue Projekte und Stipendien schreiben, die dabei oft allzu knapp kalkuliert sind. Beißen Geldgeber:innen an, wird oft so verfahren, als müsse man 24/7 dafür zu Verfügung stehen, nur: das eine Projekt allein ernährt einen nicht. Der sichere Weg für Unzufriedenheit auf allen Seiten und dass Künstler:innen die Brocken irgendwann hinschmeißen. Dann steht die nächste Generation in den Startlöchern, die sich anbietet und mit denen genauso verfahren wird. Ist man, wie ich, im Kunstbrotjob gestrandet, rechnet man sich, um nicht gänzlich die Lust daran zu verlieren, natürlich sein symbolisches Kapital schön. Immerhin tue ich ja, was ich gerne tue und setze meine eigenen Projekte um, was für ein Luxus! Ja? Ist es das? Für ständige und unbezahlte Verfügbarkeit, Honorare, die seit zwei Jahrzehnten eher sinken als steigen und dafür, dass mir immer mehr abverlangt wird und ich nicht wenige kuratorische Aufgaben mitübernehme? Aber es wird ja allen mehr abverlangt, stimmt schon. Halten wir mal kurz inne und gestehen uns ein, wir lutschen uns gegenseitig gnadenlos aus, rechnen uns vor, was wir alles für dieses und jenes Geld machen und gönnen darum niemandem auch nur einen Hub mehr Luft. Kurz gesagt: Wir sind bescheuert. Wir brauchen eine politische Lobby. Wir zahlen Steuern und die alleinige Tatsache, dass wir tun, was uns Freude macht, drückt uns unter jeden Mindestlohn. Arbeitszeit bemisst sich bei mir nicht an Routinen, sondern daran, dass ich immer wieder neue Kaninchen aus dem Hut zaubern muss, nur, nach Phasen der Kreation muss schlicht der Share kommen, der auch eine Weile von der Routine leben können muss: zum Beispiel aus dem Buch lesen gehen, das ich schrieb – und das öfter. Und nicht für jede:n Veranstalter:in eigens neue Formate und neue Texte ersinnen, die ich dann für ihre Publikationen zu Verfügung stelle, unentgeltlich, versteht sich, und dafür noch eine Menge E-Mails austausche, alles Arbeitszeit, die niemand bezahlt; oder Texte auch am besten schon gleich im Studio eingelesen habe, dann als Audiofile zu Verfügung stelle und das alles zum Preis von früher einmal einer Lesung! Der Luxus, den wir uns gönnen, ist letztlich die totale Freudlosigkeit an einer Passion, auf die andere nach ihrem Gutdünken und zu ihren Bedingungen zugreifen dürfen, aber wer hat eigentlich gesagt, dass Kunst ihren Produzent:innen Freude bringen soll, genau: niemand.

Mein Partner erteilte mir einen guten Rat: Deine Arbeit muss dir Spaß machen und Geld einbringen. Wenn sie von beidem nichts oder viel zu wenig einspielt, lass es. Und wenn wir es so halten würden, es öfter mal ließen zu Bedingungen, die nicht okay sind und die keinen Spaß machen, dann setzten sich vielleicht auch mal ein paar andere Menschen für uns ein, deren Berufe sich im Wesentlichen auf uns gründen.

Robert Musil schrieb in seiner kulturpolitischen Glosse *Wie hilft man Dichtern?* im Oktober 1923:

> Durch Jahrzehnte hat man die Dichtung als einen Luxus behandelt, der dem kaufmännischen Betrieb überantwortet blieb, den Gesetzen der Sensation und der Nachfrage, und da viele davon leben konnten, haben die Wertvolleren und weniger Marktgängigen gerade auch noch ihr Auskommen gefunden; das war das Verhältnis in der blühenden Wirtschaftslage vor dem Krieg und was sich heute abspielt, ist nichts als die Fortsetzung in einer Zeit der allgemeinen Krisis. Ich glaube, daß da nicht plötzlich mit Idealen, sondern nur mit Wirtschaftspolitik geholfen werden kann, genau so wie man sonst irgendein bedrohtes Gewerbe unter den Schutz besonderer Aufmerksamkeit stellt. Ich will keine Ratschläge erteilen, die Fragen sind nicht einfach und nur durch Zusammenarbeit von Wirtschaftspolitikern mit einer berufenen Vertretung des Schrifttums vorwärtszubringen, aber jedes Kind weiß, daß am Buch heute viel zuviel Zwischenprofit hängt, daß alle an der Herstellung Beteiligten zu einer Zeit noch auskömmlich daran verdienten, wo der Urproduzent, der Schriftsteller, schon so gut wie nichts erhielt; wir

> wissen von den Zeitungen, daß viele der größten nicht eingegangen sind, und wenn sie auch Grund zur Klage haben, sich doch sozusagen blühend durchhungern, aber ihren externen Mitarbeitern Schandhonorare bieten, auch wenn es Weltblätter sind; wir wissen schließlich auch, daß die Theater die Interessen ihrer Aktionäre bei weitem nicht so im Stich gelassen haben wie die der Dichtung. Tausende von Existenzen bauen sich heute auf dem Dichter auf oder entwickeln sich in Symbiose mit ihm, der als einziger seine Existenz dabei nicht findet; sollte ein solches Wirtschaftsbild nicht durch einigen zielbewußten Druck zum Besseren verändert werden können, auch ohne daß man in einer krisenhaften Situation das Oberste gleich zuunterst kehren muß?

Dem habe ich wenig hinzuzufügen, außer: Kehrt verdammt noch mal gut hundert Jahre später in die andere Richtung, sonst kehren wir euch den Rücken – und damit fallen dann auch eure Jobs flach. Der Kapitalismus lebt von Menge und nicht nur von ein paar Auserwählten. Es wird Zeit für menschenwürdigere Standards auch für Künstler:innen, die nicht so bekannt (geworden) sind. Sie erhalten in der Summe viele Arbeitsplätze. Wie viele, lässt sich während der Pandemie beobachten, wo weit mehr um ihre Jobs fürchten als nur die Künstler:innen selber.

Speist uns nicht mit Lotterien im Preis- und Stipendienzirkus ab! In Berlin wurden Sonderstipendien im Rahmen der Corona-Soforthilfe tatsächlich verlost. Deutlicher lässt sich nicht mehr zeigen, wie egal wir den meisten sind, und ob jetzt der oder die, spielt dann auch schon keine Rolle mehr – und wenn es das sowieso nicht tut, dann erhaltet gefälligst alle vernünftig, die der Kulturindustrie mit ihrer Zeit, ihren innovativen Ideen und ihrer Arbeit zu Verfügung stehen.

Denn schlussendlich stellt sich nicht nur die Frage: Kannst du dir deine Kunst leisten, sondern ebenso: Wer ist hier eigentlich für wen da?

ARBEITSGESUCH

Dichtung auf Bestellung ist Bastelarbeit.
Der Bastler von Sprengkörpern kann deren viele herstellen
(und sei es nur, um sich Müdigkeit durch die manuelle Tätigkeit
einzuhandeln).
Der Gegenstand kann, dann und wann, ironisch sein:
der Sprengkörper ist es immer.
Vorbei sind die Zeiten, da ich, gefräßig haushaltend,
alles ausgab, mein ganzes Geld (viel,
denn mein Geld war mein Sperma: und ich war immer in
Erektion)
im Erwerb von Ländereien von niedrigstem Wert,
die erst in zwei drei Jahrhunderten aufgewertet werden sollten.
Ich war ptolemäisch (war ich doch ein Jugendlicher)
und zählte die Ewigkeit, wie auch sonst, in Jahrhunderten.
Ich hielt die Erde für das Zentrum der Welt
und die Dichtung für das Zentrum der Erde.
Alles war logisch und klar.
Und welche Gründe hatte ich auch, zu glauben,
daß nicht alle Menschen so waren wie ich?
Dann aber stellten sich alle als wesentlich besser heraus;
und ich erschien, nachgerade, als Mensch von geringerer Sorte.
Ich ließ die Wertschätzung zurückgehen
und begriff, daß ich keine Gedichte mehr schreiben wollte. Nun
aber,

nun, wo die Berufung ausbleibt
– doch nicht das Leben, nicht das Leben –
nun, wo die Inspiration, wenn sie sich einstellt, keine Verse
hervorbringt –
so nehmt doch bitte zur Kenntnis, daß ich hier bereitstehe,
Gedichte auf Bestellung zu schreiben: Bastelarbeiten.

Pier Paolo Pasolini: *Richiesta di lavoro,*
in: ders.: *Trasumanar e organizzar.* Milano 1971
(übertragen von Theresia Prammer).

Wie viele traf ich, die sich als »frei« bezeichneten und dann im Verborgenen noch diesem und jenem Job nachgingen, Klinken putzten, auf irgendwelchen Empfängen hofften, den richtigen Leuten die Hände zu schütteln, sich fortwährend um Stipendien und Aufenthalte zu bemühen hatten oder eben zu einer Verlogenheit neigten, die es ihnen nicht gestattete, ihre prekäre Situation offen zu benennen, aus Angst vor Statusverlust.

Michael Schweßinger

VERFLECHTUNGEN

»Michael Schweßinger hat auch noch einen Brotjob als Bäcker.« – Das ist oftmals der Standardsatz, mit dem ich bei Lesungen vorgestellt werde.

Ich bin mir nicht immer sicher, ob diesem Satz eine temporale Konnotation zugrunde liegt, also: ›Er arbeitet gerade noch als Bäcker und hofft, in Zukunft ganz von der Literatur zu leben‹ oder ob er eine gewisse Gleichzeitigkeit ausdrücken soll: ›Er ist eben nicht erfolgreich genug und muss daher arbeiten‹ oder – ob dieser Satz einfach die Sehnsucht nach Kuriosität bedient. Ein klassischer Aufhänger eben. Körperliche Arbeit, täglich, etwas, das im Literaturbetrieb als skurril betrachtet oder lieber gleich ganz verschwiegen wird.

Für mich hat es diese Diskrepanz nie gegeben oder vielleicht auf eine andere Art und Weise, als ständiges Austarieren dieser beiden Welten, ohne die Notwendigkeit, die jeweils andere zu verneinen. Ich bewegte mich zeitlebens in einem Zwischenreich voller Uneindeutigkeit und Unverortung. Weder lag mir an der Heroisierung von körperlicher Arbeit, noch traute ich der Literatur und dem eigenen Schreiben als alleiniger Erwerbsmöglichkeit so richtig über den Weg.

Das ist vielleicht auch eine Frage des Habitus. Während mir die Codes und Regeln im Bäckerhandwerk seit meiner Jugend vertraut sind, blieb mir das richtige Verhalten im Literaturbetrieb immer recht fremd. Niemand aus meinem familiären Umfeld hatte mich darin bestärkt, Geschichten zu schreiben oder schrieb selber welche. Kunst war in meinem Umfeld eine nachrangige Beschäftigungsform, der man sich allenfalls in der Freizeit hingab. Keine richtige Arbeit eben. Die Einschätzung, ob eine Geschichte gelungen war oder nicht, ob dieser Gedanke gut oder schlecht getroffen war, war für mich sehr viel schwerer zu treffen als die Qualität eines Brotes zu beurteilen. Das ist nur vordergründig eine Frage der unterschiedlichen Welten von Geist und Materie. Denn nach vielen Jahren gelingt es mir heute, auch eine Geschichte als handwerklich gelungen zu betrachten – anhand von Parametern, die nicht so weit entfernt sind von den Qualitätsmaßstäben einer Brotprüfung. Kreativität ist oftmals nur ein kleiner, wenn auch entscheidender Teil des Schreibens. Der Rest ist ebenso handwerkliches Können, ebenso harte Arbeit, ebenso Feilen an Details, ebenso Wissen um die richtigen Zutaten und deren Mengenverhältnis. Es ist also eher eine Frage von Selbstvertrauen, schrittweiser Aneignung und literarischer Souveränität. Ein Selbstvertrauen, das sich, wenn man von »unten« kommt, vor allem aus den Reaktionen der Leserinnen und Zuhörer im Laufe der Jahre herausgebildet hat.

Was mir zu Beginn als Makel erschien, das Fehlen des richtigen Stallgeruchs, dieses Gefühl, in dieser literarischen Welt immer etwas fehl am Platze zu sein, ihr nicht zu genügen, nicht die richtige Sprache zu sprechen, nicht um ihre Etikette zu wissen, wurde mir mehr und mehr zum Vorteil für mein Schreiben, das sich irgendwann nicht mehr groß darum scherte und – dadurch, dass ich eben durch mein Handwerk sozusagen teils Mäzen meiner eigenen Literatur sein konnte – auch nicht darum scheren musste. Für mich waren allein meine Texte wichtig. Dieses erforderliche Beiwerk von Bibliographie, Motivationsschreiben und schon erhaltenen Ehrenkränzen war mir zuwider. Ich schrieb, schickte es an Zeitschriften und Verlage, die mir behagten und sich mit einer kurzen Mail begnügten. Ich wollte Texte schreiben, keine Interpretation liefern, warum ich es tat. In den besten Momenten war das nahe am Ideal. Ich reiste, schrieb und arbeitete in den Ländern, die mir zusagten, entdeckte dabei die Alltagswelten in Irland, Rumänien, Spanien, Italien, Norwegen. Wenn es mir nicht mehr taugte, zog ich weiter. Mit einer Handwerksausbildung war das kein Problem.

Als ich mit dem Schreiben begann, glaubte ich beim Blick auf die Literaturszene noch an diesen romantischen Topos vom freien Autor. Ein Genie, das fern der Welt und ihren niederen Sorgen über seinen Zeilen brütet. Ökonomisch unabhängig, ausschließlich auf den gelingenden Text konzentriert. So, schien es mir, sah das Leben als Schriftsteller aus. Es brauchte einige Jahre der Entromantisierung, um zu erkennen, dass es damit selbst bei den »richtigen« Autoren oftmals nicht so weit her war.

Wie viele traf ich, die sich als »frei« bezeichneten und dann im Verborgenen noch diesem und jenem Job nachgingen, Klinken putzten, auf irgendwelchen Empfängen hofften, den richtigen Leuten die Hände zu schütteln, sich fortwährend um Stipendien und Aufenthalte zu bemühen hatten oder eben zu einer Verlogenheit neigten, die es ihnen nicht gestattete, ihre prekäre Situation offen zu benennen, aus Angst vor Statusverlust. Nie habe ich freiere unfreie Menschen getroffen als in den Gefilden der Literatur. Da lobe ich mir die direkte Art der Kommunikation, wie sie mir aus dem Handwerk vertraut ist: Sag einfach an, was Sache ist! Es ist keine Schande, arm zu sein oder nebenbei zu arbeiten. Wie viel grandiose Literatur entstand gerade dann, wenn es etwas schmutzig wurde im Lebenslauf. Ist der Job auch scheiße, so taugt er meist doch noch für eine Story. Immerhin das. Ich nahm's pragmatisch, wie meine literarischen Vorbilder.

> Reisen! Das war für mich: an einem heißen pommerschen Sommertag vor den Kesseln zu stehen und sich stromaufwärts die Oder hinaufzuheizen, alle drei Minuten den Kopf aus dem Kesselraum zu stecken, um in einem mit Blutschweiß erkauften geografischen Augenblick die pommersche Tiefebene zu durchkreuzen – und dann wieder unterzutauchen.

So beschreibt es Harry Martinson in heute etwas pathetisch anmutenden Worten in *Reisen ohne Ziel* (1932), es ist mir immer noch eines meiner Lieblingsbücher. Eine Rhapsodie von anarchischem Freigeist und Weltnomadentum. So wollte ich leben, so die Welt entdecken. Ich dachte mir, es ist gar nicht so schwer, das miteinander zu verbinden. Solange du noch einen Stift nach der Arbeit halten kannst, kannst du auch schreiben. Zuallererst musst du lebendig und neugierig bleiben. Suche erstmal das Leben und schreibe darüber, dann ergibt sich das mit dem Überleben schon irgendwie. Denn was bei mir nicht ging, war das Schreiben *ohne* Welt. Ich wollte nicht zum Verwalter meiner selbst werden, die Welt nicht aus dem Lehnstuhl betrachten oder meine Texte den Moden der jeweiligen Saison anpassen, um irgendwie über die Runden zu kommen; und ich hatte einen ausgesprochenen Widerwillen, um Geld zu betteln oder jemandem etwas schuldig zu sein.

Es ist sicherlich eine Abwägung von Unfreiheiten, die jeder für sich selbst treffen muss, aber ich gab den partiellen Unfreiheiten der schaffenden Welt den Vorzug, weil ich kein Interesse an Kompromissen beim Schreiben hatte. Ich konnte ein Brot backen, das mir nicht behagte, aber ich konnte keine Story im Auftrag schreiben, mit der ich nicht d'accord ging.

Von einer Schwangeren in einer Backstube in Bukarest zu erfahren, dass ein verkauftes Feld der Preis für den Arzt war, damit die Geburt reibungslos verlaufen würde. Für eine Saison hinter die glänzende Welt eines Robinson-Clubs in Apulien zu schauen. Diese dumpfe Erschöpfung im Gesicht eines 65-jährigen Spülers nach zwölf Stunden Industriespülmaschine – während zwei Türen weiter eine Diskussion über die fachgerechte Entsorgung von Pelzmänteln an mein Ohr drang. Wurde mir die schreiende Schieflage der europäischen Arbeitswelt jemals bewusster als in diesen Momenten? Das war noch keine Poesie, klar, aber es war der Rohstoff für meine Geschichten. Meine Literatur war etwas, was sich erst durch ein In-der-Welt-sein erschuf, oftmals im nichtliterarischen Umfeld. Eher Differenz als künstlerische Identitätsvergewisserung unter Gleichen.

Begriff ich die traumatischen Folgen eines Krieges jemals besser als an diesem Morgen in den Mittsommertagen 2019, in dieser kleinen Bäckerei in Mittelnorwegen, als mir der kroatische Bäcker an die Gurgel sprang, weil die Hitze des Ofens die Hitze von Vukovar hervorrief, in der er mit 18 Jahren seinen Freund verbluten sah? »Michael, we were just boys, we didn't know anything!«

In diesen Welten des Handwerks neigt man zu keinen großen Entschuldigungen. Backstuben sind oftmals nicht Orte der Empfindsamkeit, der psychologischen Tiefenschau, keine Orte, in denen Triggerwarnungen ausgesprochen werden. Er ließ von mir ab, dann wurde weitergebacken. Dieser eine Satz musste als Entschuldigung genügen, und er genügte für eine Story. *We were just boys …*

So ging es mir über Jahre, dass die Welt an völlig banalen Orten plötzlich zur Poesie wurde.

»Einem Wasserlauf gleich strömt die Welt einen Augenblick durch einen durch und leiht einem die Farben«, schreibt Nicolas Bouvier in *Die Erfahrung der Welt* (1963).

Der irische Farmer, der sich grobhändig und linkisch am Rundschlagen der Teige versuchte und niemals mit dem Multitasking einer

Bäckerei klar kam, weil seine angestammte Welt einer linearen Ordnung gehorchte. Der Venezolaner, der vom Backen keine Ahnung hatte, aber seine Cuatro in die Backstube in Tarifa mitbrachte und so schön spielte, dass wir darüber die Brote im Ofen vergaßen.

All diese wunderbaren Momente, in denen die Welt mir kurz ihre Farben lieh. Erschuf ich mir nicht gerade durch mein Handwerk den Zugang zu dieser Verdichtung von Wirklichkeit, zu diesen zärtlichen und manchmal auch brutalen Färbungen der Welt?

Ich sehe das weder heroisch noch resignativ, eher Leben und Schreiben als Gesamtkunstwerk. Zehn Stunden Backstube erschöpfen mich heute anders als mit Mitte zwanzig. Es ist nicht so, dass ich mich danach fröhlich an den Schreibtisch setze, aber säße ich am Schreibtisch ohne diese Erfahrungen von Welt, die mir gerade durch die Fertigkeit meiner Hände geschenkt wurden, durch die mir so viele Reisen in fremde Länder und Kulturen erst möglich wurden, ohne dass ich über mein Schreiben irgendjemandem Rechenschaft abzulegen hatte? Hätte ich überhaupt etwas, was des Schreibens lohnt? Gerade die zurückliegenden Monate – Reisebeschränkungen und die damit einhergehende Minimierung sozialer Kontakte und spontaner Begegnungen – machen mir diesen Mangel an Welt schmerzhaft bewusst. Ich sitze am Schreibtisch und bin umgeben von dieser dumpfen Leere, die zu keiner Kreativität führt, obwohl ich weit zurückdenken muss, um mich eines Jahres mit so viel freier Zeit zu entsinnen.

Denn der Hände Werk war noch auf eine andere, weitaus unklarere Art und Weise mit dem Schreiben verbunden. Dieses nächtliche Backen hat für mich auch immer etwas zu tun mit einer geistig-meditativen Leere, die den Raum schafft für Kreativität.

Ich habe keine Ahnung, warum das so ist, ob es auch bei anderen so ist oder ob ich da ein Einzelfall bin, aber meine Backstube in Apulien war voller Post-its, die ich nach zwölf oder mehr Stunden Brotbacken einsammelte, um sie später dann zu Storys zu verdichten. Obwohl dreihundert Brezen zu formen keine große Kreativität erfordert, sondern ab einem gewissen Kenntnisstand einfach nur technische Expertise und die Fähigkeit zu möglichst exakter Reproduktion, war diese sich stetig wiederholende Tätigkeit, waren diese über die Jahre vertrauten Griffe und Bewegungen doch irgendwie mit dieser anderen Welt des Geistes verbunden. Kreative Einfälle, Formulierungen und Strukturen für Geschichten kamen mir oftmals beim Backen, meistens zur Unzeit. Wenn ich gerade am Ofen hantierte oder mit Teigen beschäftigt war, verfluchte ich diese Gleichzeitigkeit von Arbeit und aufblitzender Kreativität und notierte nur hastig irgendwelche Stichpunkte, in der Hoffnung, den Gedanken am Ende der Schicht wieder erinnern zu können.

Kreativität ist also vielleicht kein isoliertes Talent, sondern eher die Kunst, Gegensätze in einem Kopf zu vereinen. Ich muss aber auch sagen, diese Vereinigung stellte sich mir bei monotoner Fabrikarbeit nie ein. Es gibt einen großen Unterschied zwischen Kadenz und Rhythmus. Handwerkliche Tätigkeit ist immer auch getragen von einer Souveränität über die Taktung der eigenen Zeit. Meine Erfahrung: Maschinenarbeit macht einfach nur dumm. Als ich bei Sternburg einige Monate Leergut am Band sortierte, wurde ich irgendwann selbst zur Flasche und schrieb rein gar nichts mehr.

Manchmal dachte ich daran, dass mein kreativer Prozess mit dieser spirituellen Eintönigkeit verwandt sein könnte, mit der in meiner Kindheit die alten Frauen in der Stadtkapelle im monotonen fränkischen Singsang mit geradezu mystischer Versunkenheit die Perlen ihres Rosenkranzes durch die Finger gleiten ließen, während ihre Augen in träumerischer Abwesenheit weilten. Aber im Grunde blieb und bleibt es mir ein Rätsel. Fest steht nur, die entscheidenden Stellen, die noch etwas mehr in sich tragen als rein sprachliche Eleganz, die noch an was anderem rühren, erscheinen mir immer wie etwas, was ich als Autor selbst nie ganz dekonstruieren oder punktgenau erzwingen konnte. Die Worte kamen und kommen eher nebenbei über mich und nur selten, wenn ich mir gezielt darüber Gedanken mache oder mir vornehme zu schreiben.

Dies alles macht es mir schwer, die Grenze zwischen Brotjobs und Literatur so klar zu ziehen: die eine Welt zu verurteilen, die andere zu glorifizieren. Waren und sind diese Welten doch in ihrer Ambiguität und gegenseitigen Durchdringung so ineinander verflochten, verwoben, dass es mir nicht möglich ist, Eindeutigkeit zu erlangen, welcher der Welten ich nun mehr angehöre.

Manchmal dachte ich darüber nach, ob es besser wäre, diese Uneindeutigkeit aufzulösen. Dann stellte ich mir vor, dass es angenehm sein könnte, nicht mehr nachts aufzustehen – und gleichzeitig kam mir der Gedanke des Verlustes an Welt, der damit einhergehen könnte. Diese Furcht, die Farben der Welt könnten verblassen. Was müsste ich mir ständig für verkaufsförderliche Geschichten aus den Fingern saugen, wie viele Anträge auf literarische Förderung stellen, um damit zu überleben?

Es ist vielleicht ganz gut, auf zwei Beinen zu stehen.

Ein großer Widerwille überkommt mich jedenfalls bei dem Gedanken, Text zu produzieren nur um der Textproduktion willen oder weil dich jemand dafür bezahlt. Ich halte es lieber wie bislang: Schreiben, weil eine erlebte Welt in die Zeilen drängt, zu Poesie wird.

Je gefragter ich für meine Arbeit werde, desto mehr Verwaltungsaufwand geht damit einher und desto weniger Zeit und Atem bleibt, um mich zu sammeln, zu schreiben. Wenn die Kinder abends endlich schlafen, habe ich keine Sprache mehr. Ich bin zu erschöpft. Oder vielmehr genügt mir diese Sprache nicht.

Daniela Seel

EIN VERLANGEN NACH UNBEDINGTHEIT

Als *Mental Load* bezeichnet man die vorwiegend unsichtbare und unbezahlte Mehrarbeit, die zumeist Frauen leisten, um Fürsorgearbeit und familiären Alltag möglichst reibungslos zu organisieren. Eine sich permanent aktualisierende To-do-Liste im Kopf. Was kommt auf den Tisch und wie, welche Kleidung, passt sie noch, wann muss gewaschen werden, was ersetzt, wohin mit dem Abgelegten, sind alle gesund, geimpft, gebadet, versorgt, mit Umarmungen, Trost, Zeit, Geld, frischer Luft, Schlaf, was wollen wir feiern und mit wem, bei wem sollten wir uns noch melden, wer bringt wen wohin, wer soll was wohin mitbringen, aufräumen, staubsaugen, wischen, Müll raus, Haare und Nägel schneiden, wieder Hände waschen, Schnute putzen, wickeln wickeln wickeln, wer kümmert sich, wovon die Miete bezahlen, die Schokolade und alles, was fehlt.

In meinem Arbeitsleben gab es immer wieder Phasen, in denen ich nicht wusste, wie ich die nächste Miete bezahlen soll, den nächsten KSK-Beitrag, und damit in Gefahr stand, herauszufallen aus diesem besonderen Sozialversicherungssystem und dann noch schlechter dazustehen, obwohl schon jetzt nicht abzusehen ist, dass meine Ansprüche einmal für mehr reichen werden als für Altersarmut. Schlaflosigkeit, Panikanfälle, Schulden gingen und gehen manchmal noch heute damit einher. Immer wieder wurde ich auch gefragt, warum ich den Verlag nicht aufgebe, warum ich all diese Arbeit leiste, die mir keiner bezahlt. Wenn ich mich ganz aufs Schreiben konzentrierte, könnte ich doch ein gutes Auskommen haben.

Auf dem Papier sah es oft genug danach aus. Nicht zuletzt für das Finanzamt, das kookbooks 2018 bescheiden wollte, keine Unternehmung im Sinne des Einkommensteuerrechts zu sein, weil meine Einnahmen und steuerrelevanten Gewinne als Autorin und Literaturarbeiterin sich nicht auf die Verluste des Verlages abbilden ließen, nicht gegenrechnen. *das amortisiert sich nicht.*

Ist kookbooks also ein Liebesdienst? Als ich 2003 gemeinsam mit Andreas Töpfer als freiem Art Director kookbooks gründete, hatte ich schlimme Jahre hinter mir. Der Tod meines Vaters, mehrere ungute Beziehungen, eine Fehlgeburt hatten mich innerlich desolat zurückgelassen. An einen Abschluss meines Studiums war nicht zu denken. Auch Schreiben konnte ich kaum. Als ich in meinem Heimatort eine Stelle angeboten bekam, nahm ich dankbar an. Ich brauchte Struktur, ich brauchte ein Einkommen. Doch was mich einerseits rettete, fühlte sich an wie eine Niederlage. Alle Träume zerschellt. Wie konnte ich meinem Leben wieder näherkommen?

kookbooks ist die Antwort auf eine Verzweiflung. Und auf ein Verlangen nach Unbedingtheit. Dass ich in meinen Augen kaum noch etwas zu verlieren hatte, gab mir Kraft, Unbeirrbarkeit. Ich gab mir eine Struktur auf, durch die ich mit Literatur, mit Gedichten umgehen konnte, solange Schreiben nicht gut ging. Weil Dichtung Infrastruktur braucht. Und ich eine Wohnung in der Möglichkeit, wieder in meinem Leben anzukommen. Ein Leben, was ist das? Unter welchen Umständen kann ich es als ein von mir selbstbestimmtes betrachten? Warum fiel es mir so schwer, dieses als meines anzunehmen, obwohl mich diese Zeit, meine Verwundbarkeit, mein unbedarftes Scheitern, bis heute prägt?

2018 gelangte die zuständige Finanzbeamtin nach vielen Eingaben zu der Ansicht, dass sich in meinem, vom Einkommensteuerrecht eigentlich nicht vorgesehenen Fall das eine nicht vom anderen trennen ließe, die Unternehmung also nicht als unabhängige gewerbliche Sache, sondern als in meiner Person begründet und zusammenlaufend aufzufassen sei. Steuerrechtlich bedeutet das: Auch in den Jahren, in denen der Verlag Verluste macht, läuft er nicht mehr Gefahr, als Liebhaberei eingestuft zu werden (und somit unter anderem die Vorsteuerabzugsfähigkeit zu verlieren), sondern wird aus meinen freiberuflichen Einnahmen, die sich aus einer Expertise speisen, die sich auch der Arbeit für kookbooks verdankt, aufgefangen. Genau genommen ließe sich sogar sagen, es gibt den Verlag nicht mehr, er ging, buchhalterisch, in der Dichterin auf. 2018 ist auch das Jahr, in dem mein erstes Kind geboren wurde. Hebt sich dadurch nun auch sein Grund aus Verzweiflung auf?

Dichten in Zeiten eines Kapitalismus der *Entrepreneurial Selfs* hat wenig mit »sich ganz aufs Schreiben konzentrieren« gemein. Und kolportiert ein solches Bild nicht überhaupt ein Künstler:innenverständnis, das noch immer, vielleicht unbewusst, ein vorwiegend männliches, familiär und örtlich ungebundenes Subjekt im Sinn zu haben scheint, das seinen Unterhalt aus mäzenatischer respektive staatlicher Zuwendung, angeheiratetem oder ererbtem Vermögen oder allenfalls dem Verkauf der eigenen Bücher bestreitet? Werden nicht auch literarische Einrichtungen noch zu oft von solchen Annahmen bestimmt? Sonst müsste der Betrieb, der dazu angetreten ist, insbesondere Autor:innen zu fördern, die sich über den Markt allein nicht finanziell tragen können und deren Werk doch entstehen soll, längst viel familienfreundlicher und finanziell nachhaltiger organisiert sein. (Stattdessen finden sich weiterhin reihenweise Künstler:innenhäuser, in denen Kinder nicht gestattet sind, in denen Aufenthaltspflicht herrscht und selbst Abwesenheiten für eigene Lesungen genehmigt werden müssen, oder dem Stadtmarketing beigeordnete Stadtschreiber:innenstellen, bei denen der:die Stipendiat:in sich verpflichten soll, für 800 Euro im Monat einen einladenden Blog über das Leben vor Ort zu führen.) Aber den Literaturbetrieb schlicht als einen Markt anderer Ordnung lesen, möchte ich nicht. Dazu liegt mir die Dichtung zu sehr am Herzen und der Markt zu fern.

Ein Zimmer für sich allein und ein jährliches Festeinkommen von 500 Pfund (die in ihrem Fall aus einer Erbschaft kamen) machte Virginia Woolf als die Grundbedingungen aus, um als Frau schriftstellerisch arbeiten zu können. Knapp einhundert Jahre später hat sich daran wenig geändert. Und noch immer sind die meisten Autor:innen von diesen Voraussetzungen weit entfernt. Die 500 Pfund und auch das Zimmer müssen erwirtschaftet werden.

E-Mail-Korrespondenz wegen einer Veranstaltungsanfrage (500 Euro), für diese Zeit Kinderbetreuung organisieren, an einem Anthologiebeitrag arbeiten (600 Euro), eine Stipendiumsbewerbung auf den Weg bringen (das wären 24.000 nicht zu versteuernde Euro, ein Traum), zwei Deadlines verschieben, wegen Buchmessenstand und Presseversand der Vorschau telefonieren, Übersetzer:innenfragen in Vorbereitung eines Lyrikfestivals beantworten (1500 Euro), den Vertragsentwurf für ein Übersetzungsprojekt durchsehen (1700 Euro), ein anderes Übersetzungsprojekt noch mal vornehmen (300 Euro), Social Media pflegen, eine Rezensionsanfrage beantworten (vielleicht 60 Euro), im Hinterkopf schon ein Gedicht für ein bald anstehendes Videoprojekt auswählen und zu analysieren beginnen (500 Euro), außerdem Seminarpläne entwerfen, Anreisemöglichkeiten zu einer Jurysitzung (600 Euro) mit anschließender Lesung (600 Euro) recherchieren und dafür Kinderbetreuung organisieren sowie die Kostenübernahme klären (Oma kommt mit, wir beziehen eine Ferienwohnung), mit Autor:innen korrespondieren, eine Rechnung schreiben (400 Euro), zwei Mahnungen formulieren (700 Euro) – an einem durchschnittlichen Arbeitstag geht es bunt ineinander über, Phasen intensiver Konzentration wechseln sich mit kleinteiligen Verwaltungstätigkeiten mit Vorbereitungen ab. Ein unermüdlicher ermüdender Spagat, inmitten der Familienorganisation oder um sie herum.

In den letzten dreieinhalb Jahren musste alle Arbeit passieren, während zugleich mindestens ein Kleinkind, das noch nicht in die Kita geht, versorgt sein wollte. Mein ebenfalls freiberuflicher Partner und ich versuchen uns die Fürsorgearbeit, je nach Auftragslage, möglichst gerecht zu teilen, zudem hilft meine Mutter. Doch auch so bleiben regelmäßig nur zwei bis drei Arbeitstage die Woche mit fünf bis sechs Stunden oder spätabends oder kurze Zeitfenster dazwischen. Zugleich war die Dreizimmerwohnung, in die ich einmal allein mit dem kookbooks-Handlager und -Archiv (samt einer umfangreichen Bibliothek) eingezogen war, für drei Menschen mehr viel zu klein (86 qm, 615 Euro). Ein anderes *Zimmer für sich allein* musste her, eine Arbeitswohnung in Fußnähe. Zum Glück fand sie sich, nun muss auch sie jeden Monat bezahlt werden (49 qm, 735 Euro).

Zum ersten Mal in meinem Leben habe ich einen anderen Ort als meine Wohnung, um mich dorthin zurückziehen zu können – zum Arbeiten, zum konzentrierten Abschweifen, zum Ausruhen, zum Alleinsein. Ein Gefühl großer und schwer fassbarer Erleichterung. Auch wenn ich diesen Ort durch die Monate der Pandemie kaum nutzen konnte, er ist da, er ist möglich, macht etwas möglich. Und wenn bald auch die Jüngste zur Kita gehen wird, kann ein ganz neuer Horizont aufziehen.

Dieser Horizont liegt wohl gleichermaßen in den äußeren Bedingungen – Zimmer, 500 zu erarbeitende Pfund – wie in den inneren: sich einen Raum der Anschauung schaffen zu können, des unbedingten, feinnervigen Beisichseins, um aus diesem heraus über sich hinaus sprechen zu können.

Das Erwirtschaften ist dabei zugleich trivial und nicht trivial. Es betrifft jede:n, Kapitalismus oder nicht. Darum kann es nicht Grundlage oder Motivation sein, mich für oder gegen einen »Job« zu entscheiden, für oder gegen etwas. Die Frage ist vielmehr: Wie will ich leben? Wie kann ich leben?

Leben und Schreiben bedingen einander, leben und arbeiten. Wie genau, lässt sich jedoch kaum bestimmen. Bevor ich Literaturarbeiterin wurde, habe ich unter anderem in einem Reinraum zur Herstellung medizinischer Einmalgeräte gearbeitet, auch am Fließband, als Postzustellerin, Kellnerin. Als Kellnerin habe ich auch dann noch gearbeitet, als ich schon eine Stelle als Redakteurin hatte. Vielleicht zum Ausgleich, vielleicht um unter Menschen zu sein anstatt abends zu Hause allein. Bevor Dinge wie Netflix und Social Media erfunden wurden.

Nein, ich muss mich korrigieren. Ich war vielleicht kurz nicht ganz bei mir. Es gibt keine Trennung, keine Bedingtheit. Schreiben ist unbedingt, Leben ist unbedingt. Solange es nicht um alles geht, soll es meine Sache nicht sein.

Wie also gelingt ein Gedicht? Auch nach 30 Jahren Umgang mit Gedichten in ihrem Entstehen möchte ich sagen: Ich weiß es nicht. Weiß es jedes Mal wieder nicht. Was es gibt, ist meine Unbedingtheit, der ich vertrauen kann. Mein unduldsames Schauen. Das vergeblich ist, wie alles vergeblich ist. Und erst darum an einen Punkt gelangt, von dem aus es sich als alles bestimmen kann. Dabei wird jeder Moment getragen von einem Grund aus 46 Jahren, ein schwebendes Fundament für den nächsten Schritt. Ich schaue meinen eigenen Tod an und trete durch ihn hindurch. Das ist die Arbeit, die Sprache.

Bevor ich Kinder hatte, bin ich, um zu schreiben, viel unterwegs gewesen, zu Aufenthaltsstipendien und Reisen. Meine Landschaftserfahrungen in Norwegen, Schottland, Island, Kalifornien, einigen US-Nationalparks, den Alpen haben etwas in mir angestimmt, das noch nachhallt. Für diese Möglichkeitsräume bin ich sehr dankbar. Doch schon als freies Radikal lässt sich kaum verwirklichen, was als Credo solcher Künstler:innenresidenzen gilt: sich ganz auf das Schreiben zu konzentrieren. Denn als Literaturarbeiterin kann ich mir meine Aufträge nur selten aussuchen und kann es mir auch kaum leisten, Anfragen abzusagen: Miete und Rechnungen zu Hause müssen weiter bezahlt werden, und den Rest des Jahres muss ich auch überleben. Die neue Umgebung erfordert neue Orientierung. Mein gewohntes soziales Umfeld fehlt mir. In solchen Phasen habe ich oft tagelang mit niemandem gesprochen außer ein paar Floskeln mit der Kassiererin im Supermarkt oder dem Kellner bei der Bestellung.

Sehr vieles kleinteilig mitbedenken, sich orientieren, organisieren, entscheiden zu müssen, kann zu einer Erschöpfung führen, die *Decision Fatigue* genannt wird. Je gefragter ich für meine Arbeit werde, desto mehr Verwaltungsaufwand geht damit einher und desto weniger Zeit und Atem bleibt, um mich zu sammeln, zu schreiben. Wenn die Kinder abends endlich schlafen, habe ich keine Sprache mehr. Ich bin zu erschöpft. Oder vielmehr genügt mir diese Sprache nicht. Meinem Verlangen nach Unbedingtheit. Das sich nicht damit abfinden kann, eine Anfrage als »Job« zu disqualifizieren. So will ich nicht leben. In einem so verfassten und aufgefassten »Betrieb« will ich nicht leben. Dichtung ernährt mich. Das empfinde ich als ungeheures Privileg. Also wofür setze ich es ein, für welche Stimmen, welche Veränderung? Mein Privileg, mein Leben.

Ich hatte nicht daran gedacht, wie absurd es sich anfühlen würde, wenn man am Abend einen Literaturpreis entgegennimmt und sich am nächsten Morgen anschreien lassen muss, weil ein Fingerabdruck auf der Kaffeemaschine ist.

Janna Steenfatt

DAS WILL ICH WERDEN

Ich gehöre zu den wenigen Menschen unter 50, die noch ein Festnetztelefon besitzen. Ich nutze es fast ausschließlich dazu, mein Handy anzurufen, wenn ich dieses nicht finde. Die einzigen, die regelmäßig auf dem Festnetz anrufen, sind meine Eltern. Oft vormittags, weil sie wissen, dass ich um diese Zeit zu Hause bin. Manchmal stehe ich neben dem Telefon und warte, dass es aufhört zu klingeln. Es fällt mir schwer, nicht ranzugehen, man weiß ja nie, ob vielleicht etwas ist. Bisher ist aber nie etwas gewesen, außer ihrem Bedürfnis, mit mir zu plaudern, was ja im Grunde erfreulich ist. Gehe ich ausnahmsweise doch ran, fragen sie mich: *Arbeitest du heute oder schreibst du?* Ich habe viele Jahre versucht, ihnen begreiflich zu machen, dass ich zu Hause und gleichzeitig auf der Arbeit sein kann. Dass meine Arbeit da ist, wo ich bin. Das Konzept ›Homeoffice‹ war meinen Eltern, wie so vielen Menschen, bis Anfang 2020 nicht geläufig. Auch ich habe den Begriff ›Homeoffice‹ nie verwendet, Home und Office waren für mich ohnehin schon immer ein und dasselbe.

Ich wollte immer eine von diesen Schriftsteller:innen sein, wie man sie in Filmen sieht, die in ihren Kammern hocken und nächtelang bei Kerzenschein ihre Romane schreiben, während sie tags der Art von Arbeit nachgehen, die ich seit Douglas Couplands *Generation X* als »McJob« bezeichne. Natürlich nur solange, bis ich es geschafft hätte.

Ich habe einen Ringordner mit Arbeitsverträgen aus den letzten zwanzig Jahren, auf dem das genau so steht: *McJobs*. Der Begriff trifft es gut, obwohl ich noch nie in einem Fast-Food-Restaurant gearbeitet habe.

Für Schriftsteller:innen bringt jeder unangenehme Umstand im Leben ja immerhin diesen einen Trost mit: dass man hinterher darüber schreiben kann. Deshalb hatte ich gehofft, eine gewisse Inspiration daraus zu ziehen. Wie es sich in dem Moment anfühlt, in dem man diese Jobs machen muss, daran hatte ich nicht gedacht.

Beispielsweise hatte ich nicht daran gedacht, wie es sein würde, vor der Einführung des Mindestlohns 6,50 Euro die Stunde zu verdienen und in einer kratzenden Uniform auf der Messe an der Kasse zu sitzen. Eine Kasse, die, wenn man wie ich nicht so gut mit Zahlen umgehen kann, am Ende des Tages nie exakt den Betrag enthält, den sie enthalten soll, sodass man die fehlende Summe aus der eigenen Tasche begleicht.

Ich hatte nicht daran gedacht, wie es sich anfühlen würde, als Person, die schreibt – so sagte ich das damals noch von mir, Jahre bevor ich mich als Autorin oder gar Schriftstellerin zu bezeichnen wagte –, auf der Buchmesse an der Fachbesucherakkreditierung zu arbeiten. Als Fachbesucher:in akkreditieren kann sich jede:r, der oder die sich als Fachbesucher:in empfindet, aber die größeren Verlage und auch die mittleren und kleineren bestellen ihre Tickets im Vorhinein, und ich verbrachte einen nicht unerheblichen Teil meiner Arbeitszeit damit, Leuten von Selfpublishing-Verlagen zu erklären, warum sie nicht kostenlos reinkommen, obwohl ihr Name im Katalog stand.

Ich hatte nicht daran gedacht, wie es wäre, im Theater am Einlass zu stehen, nach der Vorstellung die Türen wieder zu öffnen und von wütenden Rentner:innen zur Rede gestellt zu werden, weil ihnen das Stück nicht gefallen hat.

Und vor allem nicht daran, was es bedeutet, in der Gastronomie zu arbeiten. An die Arbeitszeiten, das fehlende Tageslicht, die körperliche Anstrengung und Chefs, die verbal und manchmal auch körperlich übergriffig sind. Die einem mit Rauswurf drohen, wenn man anzeigt, dass sie kein Krankengeld zahlen und Stunden nicht korrekt abrechnen. Ich hatte nicht daran gedacht, wie absurd es sich anfühlen würde, wenn man am Abend einen Literaturpreis entgegennimmt und sich am nächsten Morgen anschreien lassen muss, weil ein Fingerabdruck auf der Kaffeemaschine ist.

Der einzige Servicejob, den ich gern gemacht habe, war in einer Videothek. Im Vorstellungsgespräch sagte einer der Chefs zu mir: »Wir erwarten nicht von Dir, dass Du immer freundlich bist.« Das war der beste Satz, den ich je in einem Vorstellungsgespräch gehört habe. Es handelte sich nicht um eine dieser Ketten, wie es sie bis in die nuller Jahre gegeben hat. Die Filme in dieser Videothek, die sich nicht Videothek nannte, sondern Filmgalerie, waren nach Regisseur:innen geordnet. Ich war als Studentin dort eine gute Kundin gewesen und hatte immer ein bisschen Angst vor den Leuten, die dort arbeiteten. Es waren, so schien mir, in erster Linie Kunststudent:innen, die sehr cool waren und längst alles gesehen hatten. Ich spürte, wie sie mich stillschweigend verurteilten, wenn ich wieder keinen Godard, sondern nur irgendeine mittelmäßige amerikanische Serie auslieh. Ich weiß nicht, wie viele gute Filme ich allein deshalb gesehen habe, weil ich es nicht fertigbrachte, den Laden mit etwas anderem als einem französischen Autorenfilm zu verlassen. Als ich anfing, dort zu arbeiten, war ich oft freundlich. Aber nicht immer.

All diese Jobs habe ich als Nebenjobs bezeichnet, obwohl ich eigentlich immer nur Nebenjobs und nie einen Hauptjob hatte. Jedenfalls keinen, mit dem ich eine nennenswerte Summe Geld verdient hätte. Dass ich das Schreiben als meinen Hauptjob empfand, hätte ich lange nicht zugegeben. Die Aussicht, jemals komplett davon leben zu können, lag in sehr weiter Ferne und dort liegt sie, ehrlicherweise, immer noch. »Jede:r Autor:in kann vom Schreiben leben«, habe ich kürzlich in einem Interview gesagt, »fragt sich nur, wie lange.« Wenn ich einen Vorschuss erhalte für ein Buch, dann hält der so lange, wie ich ihn nicht ausgegeben habe. Das kann ein Monat sein oder ein Jahr. Mit Glück zwei. Mit sehr viel Glück drei oder vier, aber das kommt bei Debüts so gut wie nie vor.

Als ich anfange, diesen Essay zu schreiben, steht der Titel dieser Anthologie noch nicht definitiv fest. Der Arbeitstitel lautet »Brotjobs und Literatur«. Ich denke darüber nach, was genau eigentlich ein Brotjob ist. Ist es im Wortsinn der Job, mit dem ich mein Brot verdiene? In Abgrenzung zu dem anderen, mit dem ich mein Brot nicht verdiene? Und ist das Brot nicht eigentlich noch die erschwinglichste aller Notwendigkeiten, im Gegensatz zu Miete und Krankenversicherung?

Seit knapp zwei Jahren arbeite ich 20 Stunden die Woche in einem großen E-Commerce-Unternehmen im Kundenservice. Auch diesen Job nenne ich Nebenjob, zum ersten Mal jedoch mit einem Gefühl von Legitimation: 2020 ist endlich mein erster Roman erschienen. De facto habe ich im letzten Jahr mit beiden Tätigkeiten etwa gleich viel verdient. Was also ist mein Haupt-, was mein Nebenjob? Das kann mir auch das Finanzamt nicht sagen. Sie fragen mich, womit ich mehr Zeit verbringe. Wie viele Stunden die Woche für den einen, wie viele für den anderen Job draufgehen. Ich kann es nicht sagen. Schreibe ich nur, wenn ich schreibe? Oder auch, wenn ich nachdenke, lese, recherchiere, mit anderen über mein Romanprojekt spreche? Zählen nur die Texte, die nachher ganz sicher veröffentlicht werden? Ich erkläre dem Finanzamt, dass ich gerade Geld verdiene mit einem Text, den ich im letzten Jahr geschrieben habe. Und in dem davor und dem davor und so weiter. Den Stundenlohn wollen wir lieber nicht ausrechnen. Dass ich als Autorin Geld verdiene, lange nachdem ich die Arbeit geleistet habe, kann das Finanzamt nicht begreifen. Am Ende einigen wir uns darauf, dass ich mir aussuchen kann, was mein Haupt- und was mein Nebenjob ist.

Im Kundenservice arbeite ich vier Stunden am Tag, am liebsten in der Frühschicht, damit ich nachmittags schreiben kann. Das Unternehmen gibt sich den Anschein eines jungen Start-ups, das es schon lange nicht mehr ist. Es gibt Tischtennisplatten, Kicker und Playstation in der Gemeinschaftsküche, kostenlosen Kaffee und einmal in der Woche Obst. Dazu jede Menge kostenlose Merchandise-Produkte mit dem Firmenlogo: T-Shirts, Mützen, Leinenbeutel, Kugelschreiber, Trinkflaschen, für das Wir-Gefühl. Es wird viel Wert auf das Wir-Gefühl gelegt. Die Firma beschäftigt sogar eine Feel-Good-Managerin, die Ausflüge plant oder kostenlose Yogastunden gibt. Man vergisst darüber beinahe, dass man kaum mehr als Mindestlohn verdient. Es fühlt sich nicht so schlimm an, wie ich mir ein reguläres Callcenter vorstelle. Die Kunden rufen an oder schreiben E-Mails, um sich zu beschweren, weil ihr Paket nicht angekommen ist oder zu spät angekommen ist oder weil sie nicht das bekommen haben, was sie bestellt haben. Oder weil sie das bekommen haben, was sie bestellt haben, es ihnen aber doch nicht gefällt. Seit der Pandemie arbeite ich im Homeoffice, gehe nach dem Mittagessen zurück an den Schreibtisch, schiebe den Laptop, den die Firma mir zur Verfügung stellt, zur Seite und hole meinen eigenen hervor.

Als ich ein Kind war, lasen meine Eltern mir vor dem Einschlafen immer etwas vor. Die lebhaftesten Erinnerungen habe ich an die Bücher von Astrid Lindgren. Nehme ich heute das dicke blaue Buch zur Hand, mein erstes, das kein Bilder-, sondern ein richtiges – wie ich damals gesagt hätte – Lesebuch war, eine zu Tode geliebte, mehrfach mit inzwischen vergilbtem Klebefilm wieder zusammengeflickte Ausgabe von *Pippi Langstrumpf*, überkommt mich die Erinnerung an ein Gefühl, das dieses Foto auf der Umschlagrückseite auslöste: das aus meiner damaligen Perspektive steinalte Gesicht von Astrid Lindgren. Das gleiche Foto war auch auf der Rückseite vom anderen dicken blauen Buch (*Karlsson vom Dach*), vom dicken gelben Buch (*Immer dieser Michel*), seltsamerweise nicht jedoch auf dem Umschlag vom dicken roten (*Kalle Blomquist*). Der Schutzumschlag des anderen dicken roten Buches (*Wir Kinder aus Bullerbü*) war verloren, so dass ich auf das Wort meiner Eltern angewiesen war, die beiden roten Bücher seien von derselben Person geschrieben worden. Ich dachte oft über diese Frau nach. Ein paar Jahre später, als ich selbst lesen und mir nicht nur die Fotos, sondern auch die Biographien der Autor:innen ansehen konnte, war meine Lieblingsbuchreihe *Der kleine Vampir*. Angela Sommer-Bodenburgs Foto war in den rororo-Taschenbüchern nicht hinten drauf, da waren die Rotfuchscomics, sondern vorn im Buch, auf Seite zwei. Genau wie Astrid Lindgren war Angela Sommer-Bodenburg eine Erwachsene, die sich Geschichten ausdachte. Es kam mir eigenartig vor, denn ich war persönlich bisher noch nie Erwachsenen begegnet, die sich Geschichten ausdachten. Meiner Erfahrung nach hatten Erwachsene für solche wichtigen Sachen gar keine Zeit.

Der Moment, in dem ich beschloss, Schriftstellerin zu werden, entsprang einer Eingebung. Ich saß am Küchentisch und füllte den ersten Eintrag meines Freundebuches aus. Freundebücher waren sehr in Mode und ich hatte eines zum Geburtstag geschenkt bekommen. Die meisten Kinder ließen ihre beste Freundin oder ihren besten Freund als erstes hineinschreiben. Ich fand, der erste Eintrag in meinem Freundebuch stünde mir selbst zu. Eine der letzten freien Zeilen war überschrieben mit: »Das will ich werden«.

Ich: *Mama, wie nennt man die Leute, die Bücher schreiben?*

Mama: *Die nennt man Schriftsteller.*

Ich: *Ist das ein richtiger Beruf?*

Mama: *Ja, das ist ein richtiger Beruf.*

Ich: *Kann man das studieren?*

Mama: *Nein, studieren kann man das nicht, man macht es einfach.*

Ich erinnere mich, weil ich das Wort sehr schwierig fand. Ein so schwieriges Wort hatte ich noch nie geschrieben. Meine Mutter musste es mir ganz langsam diktieren. Das Freundebuch ist erhalten, dort steht in der Rubrik »Das will ich werden« in blauer Tinte: *Schriftsteleren.*

Im Gegensatz zu vielen anderen ist der Beruf der Schriftsteller:innen einer, der sich über die Tätigkeit definiert, nicht über die Ausbildung. Wenngleich ich eine solche sogar vorzuweisen habe. Entgegen der Annahme meiner Mutter habe ich das Schreiben sehr wohl studieren können und besitze ein Diplom des Deutschen Literaturinstituts Leipzig. Das war mir schon immer ein bisschen peinlich, obwohl das Studium mir gut gefallen hat. Bis vor kurzem war ich jedoch eine diplomierte Schriftstellerin, die noch kein Buch geschrieben hatte, ein schrecklicher Widerspruch, wo es doch so viele andere Schriftsteller:innen ohne Diplom, aber mit Büchern gab. Seit 2020 gibt es also endlich ein Buch von mir. Das macht mich sehr froh. Obwohl mir das Wort »Schriftstellerin« schon immer suspekt war. Ich bezeichne mich meistens als Autorin, weil es etwas unprätentiöser klingt. Heimlich möchte ich, natürlich, lieber Schriftstellerin sein. Eine Schriftstellerin, denke ich, ist eine Autorin, die es geschafft hat. Allerdings habe ich erst einen einzigen Roman geschrieben. Wie viele Bücher brauche ich, um eine »richtige« Schriftstellerin zu sein? (Für einen Wikipedia-Artikel: drei, habe ich mal gehört. *Den Eintrag musst du einfach selbst schreiben*, hat eine Bekannte zu mir gesagt, die erst zwei Bücher veröffentlicht hat, aber schon lange bei Wikipedia zu finden ist, da ihr erster Roman von einem Skandal begleitet wurde. Mit Skandal ist man offenbar schneller Schriftstellerin.)

Eigentlich wollte ich hier von meinem Brotjob erzählen. Der nicht mein Brot, aber meine Miete zahlt, meine Strom- und Gasrechnungen, Internet (inklusive Festnetztelefon!), GEZ, Kranken-, Renten- und Haftpflichtversicherung. Jeden Monat kommt exakt die Summe rein, die von meinem Konto abgeht, für die sogenannten Fixkosten. Das Brot, den Wein, Kaffee, Bücher, Kleidung und – vor Corona – Reisen, Kino- und Konzertkarten, solche Dinge zahle ich von dem, was das Schreiben einbringt. Mit dem Roman hat es nun endlich einmal ein wenig eingebracht. Zum ersten Mal in meinem Leben ist das Konto einigermaßen weit im Plus. Ich habe ein kleines Häuflein Geld; ein richtiger Haufen ist es nicht. Davon nehme ich jeden Monat, so viel ich brauche. Und sehe das Häuflein schrumpfen. Und weil es meinen Blutdruck in die Höhe treibt, es schrumpfen zu sehen, habe ich diesen Nebenjob. Als die Pandemie begann, war ich zum ersten Mal richtig froh darüber. Die Struktur, die er mir in diesem neuen Chaos erhielt. Die Kollegen vermissten sich, fanden es ungewohnt, von zu Hause zu arbeiten. Ich fühlte mich im Heimvorteil. Trotzdem habe ich in der ersten Woche morgens geduscht und mich angezogen, als würde ich zur Arbeit gehen. Dann habe ich es aufgegeben und fortan im Schlafanzug gearbeitet. Meine Mitbewohnerin zog aus, ich richtete mir ein Arbeitszimmer ein.

Vor ein paar Wochen habe ich all die T-Shirts, Leinenbeutel und Kugelschreiber mit dem Firmenlogo in eine Kiste getan, *Zu verschenken* draufgeschrieben und auf die Straße gestellt. Mein Arbeitsvertrag läuft Ende April aus und mir wurde eröffnet, dass er nicht verlängert wird, obwohl es der Firma in der Krise besser geht als je zuvor. Anstatt meinen Vertrag zu entfristen, stellen sie neue Leute mit befristeten Verträgen ein. Ich versuchte, mich zu streiten, vielleicht eine andere Stelle zu bekommen. Ich hatte zwischenzeitlich innerhalb der Firma für ein paar Monate einen anderen Job gemacht, ein Projektmanagement mit besserer Bezahlung, aber auch mehr Stress. Nachdem das Projekt beendet war, hat man mir in der Abteilung einen Job angeboten. Ich habe ihn abgelehnt und bin zurück in den Kundenservice gegangen, weil ich einen *McJob* wollte, keine Karriere. Ich wollte mich auf meinen Debütroman konzentrieren, der wenige Monate später erscheinen würde. Hatte mich auf eine kleine Lesereise gefreut. Es fühlte sich gut und aufregend an, diese Entscheidung zu treffen: für die Kunst und gegen die Sicherheit. Der Roman ist Anfang Februar 2020 erschienen, eine unbeschwerte Buchpremiere hat es immerhin noch gegeben, eine zweite, dritte, vierte Lesung auch.

In der Zwischenzeit melde ich mich beim Arbeitsamt. Wegen der Pandemie kann man nicht persönlich vorstellig werden. Deshalb muss ich eine Identitätsprüfung ablegen. Ich lade eine App herunter und muss meinen Personalausweis filmen, während ich ihn in der Hand halte und dabei hin und her wackele, damit man die Hologramme leuchten sieht. Dann muss ich einen Film von mir selbst machen, und dabei Wörter vorlesen, die mir angezeigt werden. Ich sitze an meinem

Schreibtisch, halte die Kamera vor mein Gesicht und ruf laut Wörter wie »Holunder« und »Apfelbaum«.

Wenn man Arbeitslosengeld I bezieht, darf man freiberuflich 165 Euro im Monat dazu verdienen. Eventuell ein wenig mehr, es kommt darauf an, was man im letzten Jahr verdient hat. Alles darüber wird abgezogen. Wenn man im Niedriglohnsektor beschäftigt war, nur 20 Stunden die Woche sozialversicherungspflichtig gearbeitet hat und 60 Prozent davon als Arbeitslosengeld I erhält, sagen wir: etwa 500 Euro, darf man trotzdem nur 165 Euro dazu verdienen. Wenn man dann unterm Strich zu wenig hat, muss man zusätzlich Hartz IV beantragen.

Wenn dieser Text erscheint, wird es irgendwie ausgegangen sein. Dinge neigen dazu, irgendwie auszugehen, so wie Geld dazu neigt, zu mir zu finden. Nie im Überfluss, immer in gerade so eben ausreichender Menge.

Die Prüfung beim Amt habe ich übrigens bestanden, meine Identität wurde bestätigt. Ich existiere also. Das ist schon mal gut. Man kann ja nie wissen.

Praktika sind überall schlecht bezahlt, im Kulturbereich sind sie meist unbezahlt; auch dies hilft dem Status quo, nämlich, dass nur Kinder einer bestimmten Schicht derartige Praktika absolvieren und damit ein soziales und kulturelles Kapital anhäufen können, während Arbeiter:innenkinder ihr Studium mit Jobs finanzieren müssen, die sie sich nicht in den Lebenslauf schreiben können, die keine prestigehaltigen Referenzen bieten.

Karosh Taha

WAS MACHE ICH HIER? EINE RECHTFERTIGUNG

A

Ihr sollt einen Stift in der Hand halten, sagte meine Mutter. Wir wussten, sie meinte: Ihr sollt einen Stift statt einer Waffe in der Hand halten. Sie sprach aus einer anderen Zeit, aus einem anderen Kontext zu uns. Meine Mutter dachte nicht an den Beruf der Schriftstellerin, als sie das sagte, sie wusste nicht, dass auch ein Stift keine Sicherheit bietet. Künstler:innen sind gefährlich, weil sie sich mehr vorstellen können als da ist, weil sie von einer anderen Wirklichkeit erzählen können, weil sie das, was geschaffen wurde, in Frage stellen.

Mein Schriftstellerinnendasein in diesem deutschen Literaturbetrieb ist so unwahrscheinlich, dass ich immer wieder meinen Werdegang, diese unmögliche Strecke, gedanklich zurücklaufe. Die Vergangenheit ist eine Abfolge der mir bekannten Schritte, in der Gegenwart stehe ich und bekomme manchmal keine Luft, wenn ich an die Zukunft denke: Kann ich diesen Beruf weiterhin in Würde ausüben? Kann ich mir den Luxus erlauben, vom Schreiben zu leben?

Ich denke an einen Satz von Guy Debord: »Paris war eine so schöne Stadt, daß viele lieber hier arm sein wollten als anderswo reich.«

Ich denke: Guy Debord musste in seinem Leben nie hungrig ins Bett gehen.

Ich denke: Selbstgewählte Armut ist keine Armut.

Ein ehemaliger Mitstipendiat der Heinrich-Böll-Stiftung schlug vor, ich solle nach Berlin ziehen und so wie er Teil der Boheme werden, weil er um meine schriftstellerischen Ambitionen wusste. Ich wusste damals nicht, wo ich mit meiner Erklärung anfangen sollte. Heute weiß ich: Sein Vater ist Chirurg.

Wer begibt sich freiwillig in existenzielle Not, wenn er damit aufgewachsen ist, wenn er davor geflüchtet ist?

B

»Eigentlich bist du Lehrerin«, fragt oder sagt man, und dann weiß ich, ich muss erklären, warum ich Lehramt studiert habe: Kompromiss zwischen mir und meinen Eltern, aber das ist nur die Hälfte von dem, was wahr ist, denn der Kompromiss ist auch zwischen mir (heute) und mir (damals), meiner Angst vor Armut und meinem Wunsch zu schreiben.

In der achten Klasse lesen wir Sonia Levitins Buch *Die Tote im Wald* – in ihrer Vita steht, dass sie Lehrerin und Schriftstellerin ist.

Meine Klassenlehrerin weiß, dass ich Schriftstellerin werden möchte; meine Eltern wissen, dass ich schreibe, aber beide Parteien wissen auch: Ich werde nicht davon leben, ich muss mir etwas Anständiges suchen – das sind die Worte meiner Lehrerin; das muss ich mit meinen Eltern erst gar nicht besprechen.

Levitins Doppelberuf suggeriert, ich könnte als Lehrerin nebenbei schreiben. Dieser Fakt, der die Möglichkeit offenbarte, beide Bedürfnisse zu befriedigen, beide Realitäten zu vereinbaren: finanziell gesichert und kreativ gefordert zu sein, half ein Ziel zu formulieren, das ich möglicherweise nicht bedacht hätte.

Ich imaginierte mich in diese Doppelrolle, ohne zu wissen, wie ich dahinkommen könnte – mir fehlte nicht nur jegliches Wissen über den Literaturbetrieb, ich wusste noch nicht einmal um dessen Existenz.

Und doch scheint es einen schmalen Korridor für solche Schriftstellerinnen wie mich zu geben, die kein Kreatives Schreiben studiert haben und ohne Netzwerk trotzdem in der deutschen Gegenwartsliteratur einen Platz *zugewiesen* bekommen. Die Besprechungen meiner Bücher, die Interviews und Lesungen, die Anfragen lassen mich zu dem Schluss kommen: Ich bin eine Vertreterin einer Art Nischenliteratur, aber nicht der deutschsprachigen Gegenwartsliteratur, und jede weitere Erwähnung und Auseinandersetzung damit führt nur zu weiteren Verstrickungen.

Wie kommt es, dass der Literaturbetrieb in Deutschland aus einer homogenen Masse besteht?, könnte eine selbstkritische Frage sein, die man sich stellte, würde einem die Homogenität auffallen. Auf der Bühne scheint zumindest in den letzten Jahren die Homogenität aufgebrochen worden zu sein, aber hinter der Bühne werkeln immer noch ähnliche Akteure wie vor zwanzig Jahren. Es fängt im Kleinen an: Praktika sind überall schlecht bezahlt, im Kulturbereich sind sie meist unbezahlt; auch dies hilft dem Status quo, nämlich, dass nur Kinder einer bestimmten Schicht derartige Praktika absolvieren und damit ein soziales und kulturelles Kapital anhäufen können, während Arbeiter:innenkinder ihr Studium mit Jobs finanzieren müssen, die sie sich nicht in den Lebenslauf schreiben können, die keine prestigehaltigen Referenzen bieten. Die Kinder der Intendant:innen, der Literaturhausleiter:innen, der Schriftsteller:innen, die von allen Mitbewerber:innen die talentiertesten zu sein scheinen, erhalten die Jobs, die Stipendien und die Aufmerksamkeit, die sie ohne ihren Namen und die damit einhergehenden Verbindungen nicht in dieser Häufigkeit bekommen hätten. Ihre Namen sind Eintrittstickets, mein Name wird bis heute falsch geschrieben.

Das Erste, was mir auffällt in diesem Literaturbetrieb: Alle kennen sich, und die wenigsten sprechen über Literatur.

Ich fühle mich nicht wie ein Eindringling, ich bin nicht durch die Hintertür gekommen; ich weiß, ich kann schreiben, sonst gäbe es keinen Grund, dass ich hier bin: kein berühmter Nachname, kein berühmtes Elternteil, kein Erbe, keine Kontakte, kein Studium in Leipzig, Biel oder Hildesheim. Alles spricht gegen mich, alles spricht für mich.

Ich habe einen anderen Zugang zu Literatur: Wenn ich auf meine eigene Schreibbiographie schaue, treffe ich nur Frauen, die dafür sorgten, dass ich schreibe, angefangen bei meiner Mutter, die als Analphabetin kein Buch brauchte, um eine Geschichte zu erzählen, bis hin zu Sandra Cisneros, die mich lehrte, über alles zu schreiben, wofür ich mich schäme; von Toni Morrison und Zadie Smith lernte ich den Ernst und die Haltung, von Shida Bazyar, dass jemand wie ich im deutschen Literaturbetrieb existieren kann.

C

Ich weiß: Diversität als Marketingtool ist zu verachten, weil es die reelle Struktur nicht verändert, sondern kosmetische Veränderung ist. Im Kultursektor gibt es mittlerweile etliche Beispiele von weißen

Unternehmer:innen mit einem Diversity-Etikett; es bleibt, was es ist: ein Etikett.

Senthuran Varatharajah schreibt mir: *Das Austauschen des Personals in einem Text, und der Marker, ist keine neue Literatur, sondern nur Repräsentationspolitik.* Ich like seine Nachricht. Wenn statt Kaffee Chai getrunken wird, wenn da statt Alex Ahmet steht, wenn Alltagsrassismus den Text schmückt, aber der Text in seiner Struktur sich kaum von anderen Texten unterscheidet, stellt sich die Frage: Warum schreiben?

Stell dir vor, du schreibst nicht für ein deutsches Publikum, sondern du schreibst. Wie würdest du schreiben? Stell dir vor, niemand wird deinen Text lesen, stell dir vor, du bist die einzige Person, die den Text lesen würde, würdest du immer noch deinen Text dir selbst erklären? Ich habe mich dessen auch schuldig gemacht.

In meinem Roman *Beschreibung einer Krabbenwanderung* erzählt die Protagonistin, im Irak würde man wegen der erdrückenden Sommernächte auf dem Dach schlafen, und man könnte auf den Dächern schlafen, weil diese flach sind.

Als ich das geschrieben habe, schrieb ich für ein deutsches Publikum, das *möglicherweise* nicht weiß, dass Menschen im Irak auf dem Dach schlafen und dies auch architektonisch möglich ist. In diesem Moment habe ich verraten, für wen ich schreibe, zu wem ich spreche: zu einem ausschließlich eurozentrischen Publikum, das sich nicht die Mühe macht, herauszufinden, wie die Architektur in Westasien ist.

Ich sehe das bei vielen Kolleg:innen, die etwas erklären, was sie nicht erklären müssten, wenn sie auch zu mir sprechen würden. Unbewusst schreiben wir also für ein Publikum, das uns nicht verstehen wird. Die Rezeption der Arbeit von migrantischen Schriftsteller:innen entlarvt, wie diese Literatur verstanden wird.

Es ist völlig egal, worüber ich schreibe, das deutsche Publikum wird darin immer eine Zerrissenheit zwischen den Kulturen lesen – die Abwesenheit ›deutscher‹ Figuren, der deutschen Geschichte und Diskurse ist eine sehr bewusste Entscheidung von mir als Schriftstellerin, es ist keine politische Entscheidung, sondern eine dramaturgische; für die Themen, die ich behandle (nicht Integration, nicht Rassismus, nicht Ankommen, nicht Fremdsein in Deutschland) brauche ich schlicht und ergreifend nichts spezifisch Deutsches außer Deutsch. Das Fehlen von Deutschen wird als ein Konflikt zwischen den Kulturen fehlinterpretiert, da die weiße Person immer und überall von der absoluten Zentralität ihres Seins ausgeht, da jede Abweichung von ihrem Rahmen als solche markiert wird, da die Verbannung der sich selbst ernannten Mitte aus meiner Literatur auch die Verbannung meiner Literatur aus ihrer Mitte bedeuten kann.

Eine Rezensentin schreibt über mein zweites Buch und über mich, ich müsste als Schriftstellerin noch *beweisen*, dass ich über andere Figuren und Themen schreiben kann als über junge Migrantinnen, die zwischen den Kulturen und Geschlechterstereotypen ihre Identität suchen.

Das, worüber ich schreibe, wird nicht gesehen, weil migrantische Figuren ohne den Kulturkonflikt nicht existieren können. Die Marginalisierung des ›Deutschen‹ scheint das Publikum derartig zu stören, dass dies als das Thema der Texte verstanden wird.

Eine Redakteurin verrät mir, ihre Kollegin wolle mein zweites Buch nicht lesen, weil es wieder um ›Kurden‹ geht.

Ich schicke diese Rezension meiner Freundin und Kollegin Rasha Khayat, sie antwortet mir lang und ausführlich, erzählt von ihren Erfahrungen – und zwischen all ihren Sätzen stechen zwei besonders hervor: *Du schreibst, was du schreiben musst. Es ist zu viel Arbeit, um Kompromisse einzugehen.*

Der Literaturwissenschaftler Albrecht Koschorke schreibt, der Wissenschaftsbetrieb vernichtet die Wissenschaft, ich denke: Auch der Literaturbetrieb vernichtet die Literatur.

Angefangen bei den berühmten Ärztekindern in Schreibschulen (siehe Kessler-Debatte) bis hin zu einem sehr primitiven Verständnis von Literatur als Identitätspolitik in der Rezeption.

D

Mittlerweile haben auch Verlage verstanden, dass man nicht Kreatives Schreiben studiert haben muss, um schreiben zu können, aber: es hilft für ein zukünftiges Netzwerk, es hilft auch, um diesen Betrieb zu verstehen. Und dann lese ich einen Tweet vom Lektor Florian Kessler, der sich als Gatekeeper bezeichnet, weil er einen Debütroman über Obdachlosigkeit als *zu intrinsisch und umfangreich und zu kompliziert* empfand und deswegen ablehnte. Intrinsisch bedeutet hier: Es bedient nicht meine Vorstellung davon, was Obdachlosigkeit ist oder auch meine Vorstellung davon, was die (bürgerlichen) Kaufkräfte sich unter Obdachlosigkeit vorstellen: Es bedient nicht meine Vorurteile.

Wie viele Schriftsteller:innen wurden und werden verhindert, weil ihre Arbeit als ›intrinsisch‹ beurteilt wird? Wahrscheinlich so viele, wie es Chirurgensöhne in den Verlagen gibt.

Wenn wir von Menschen erzählen, die in der Vorstellung der deutschen Gesellschaft nicht zu ihrer Gesellschaft gehören, dann gehört auch die Literatur dieser Menschen nicht zur deutschen Literatur.

Jeder Versuch meine Literatur zu kennzeichnen, ist ein Versuch, sie einzuschränken, ob es nun die neue Heimatliteratur genannt wird, die neue Weltliteratur oder *auch* deutschsprachige Literatur – es ist ein Entfernen von eben dieser.

Die Verknüpfung von »Migrantenliteratur« mit Geldfragen mag für jene abwegig erscheinen, die nicht unter diesem Label vertrieben werden. Viele Verlage choreographieren ihre Vorschauen so, dass nicht gleich zwei ›Sonderkategorien‹ wie zum Beispiel junge Debütantin oder eben migrantische Autor:innen in einem Programm erscheinen, sonst, so die Argumentation, stürzt sich die Presse nur auf einen Titel. Nach dieser Logik konkurriert der Debütroman nicht mit dem Roman des etablierten Autors, die junge Schriftstellerin nicht mit dem älteren, bereits renommierten Kollegen. Nach dieser Logik konkurrieren deutsche Schriftsteller nicht miteinander, sondern ihre Bücher.

Vielleicht stimmt es auch, die Presse ignoriert viele Schriftsteller:innen, wenn sie vorher nicht schon auf die eine oder andere Weise aufgefallen sind. Eine ähnliche Politik gilt bei Preisen und Stipendien, ähnlich agieren Leser:innen – wenn sie ein Buch von einer migrantischen Schriftstellerin, einem migrantischen Schriftsteller gelesen haben, reicht das für eine Saison. Denn »wir« schreiben über das Gleiche; nicht die Interpretationen und Schlüsse zu dieser Literatur gleichen sich, sondern diese Literatur, so die Annahme, verhandle stets die gleichen Themen. Die Kategorie »Migrantenliteratur« ist ein weiterer diskriminierender Mechanismus, der einen Preis hat, den viele Kolleg:innen zahlen müssen.

Wenn ich so schreiben würde, dass es Geld einbringt, würde ich nicht nur anders schreiben, ich würde über Anderes schreiben; und müsste ich über Anderes schreiben, würde ich erst gar nicht schreiben.

E

Und trotzdem: Nach der Logik des Marktes schreibe ich ganz klar für eine bestimmte Schicht, die es sich leisten kann, ein Buch, das durchschnittlich zwanzig Euro kostet, an einem Nachmittag durchzulesen. An einem Nachmittag zwanzig Euro für »gute, niveauvolle Unterhaltung« auszugeben, klingt im Rahmen. Das ist die Hälfte von dem, was Hartz-IV-Empfänger:innen im Monat für »Freizeit, Unterhaltung, Kultur« zur Verfügung steht. Auch die Sozialpolitik des Landes bestimmt, wer mein Publikum sein darf. Die bürgerliche, akademisierte, obere Mittelschicht liest gerne über sich, auch in Rezensionen, in Besprechungen behauptet sie ihre Allgemeingültigkeit.

Es ist auffällig, dass nur deutsche Kolleg:innen Romane schreiben, die als »Stimme einer Generation« gefeiert werden, dass ihren Romanen ein Universalitätsanspruch angedichtet wird, den diese Bücher – wie alle Bücher – nicht einhalten können. Denn diese Formulierung ist nur eine Phrase, nur ein Werbemittel, ein Verlagstext, eine Generalisierung, die nichts aussagt. Goethes *Die Leiden des jungen Werther*, Salingers *Der Fänger im Roggen*, Sagans *Bonjour tristesse* – das sind alles keine »Generationenromane« gewesen, sondern Darstellungen launischer Erzähler:innen aus wohlsituierten, bürgerlichen Schichten. Die Beispiele sollen zeigen, dass das Bürgertum schon immer und in verschiedenen Ländern die Tendenz hatte und immer noch hat, sich und ihre Kinder in den Mittelpunkt zu rücken.

F

Ich denke: Würde man den Kanon abschaffen, würde man Goethe und Schiller für eine Dekade aus dem Gedächtnis löschen, würde vielleicht auch der Betrieb aufhören, nach der Stimme einer Generation zu suchen, endlich aufhören, junge Männer, die nichts zu sagen haben, diese Bohemiens, diese Chirurgensöhne, zu feiern. Ich kenne die Gefühls- und Gedankenwelt dieser jungen Männer, in wie vielen Variationen soll ich das noch lesen? Keiner wird den nächsten *Werther* schreiben, er wurde schon geschrieben.

G

Wer hat darüber bestimmt, dass wir nicht über Geld reden sollen, wenn aufgrund von Geld und dessen Mangel Kriege ausbrechen, wenn man hungert oder man satt ist, wenn man einer bestimmten Arbeit nachgeht, wenn Geld meinen ganzen Tag strukturiert, darüber bestimmt, wie ich in einer Stadt von A nach B gelange, wie ich meine Freizeit gestalte, ob ich denn Freizeit habe, ob ich draußen einen Cappuccino für vier Euro oder den Filterkaffee für einen Euro kaufe. Wann wurde darüber abgestimmt, dass wir nicht über Geld reden sollen? »Über Geld redet man nicht«, das klingt paternalistisch, klingt nach einem Chef, der die Arbeitenden an Gehaltsverhandlungen hindern möchte, es klingt klassistisch, elitär, mit Max Frisch gesprochen: Es klingt nach Herrschaftssprache, von der ich mich als Schriftstellerin und Arbeiterkind distanzieren möchte.

H

Wenn es einen Grund zum Schreiben gibt, dann um eine neue Sprache, einen neuen Ausdruck für das zu finden, was da ist oder was nicht da ist. Toni Morrison schreibt, Literatur sei eine *alternative language* und keine Sprache, die uns tagtäglich umgibt. Wir müssen in die Lage versetzt werden, in einer anderen Sprache zu schreiben, in die Grammatik einzudringen, nicht der Alltagssprache zu verfallen, die Sprache, wie sie gesprochen wird, zu brechen, in den Spalt zu schauen und das Gebrochene zu entdecken, gebrochen Deutsch zu schreiben.

We hunger for a way to articulate who we are and what we mean. Toni Morrison, wieder.

Ich denke an die kurdische Künstlerin Zehra Doğan, die im türkischen Gefängnis mit allen Mitteln, die ihr zur Verfügung standen, malte. Kunst war für sie kein Luxus, sondern ihre Rettung, vielleicht sogar Rettung davor wahnsinnig zu werden, ganz sicher.

Kunst ist eine Notwendigkeit, für diejenigen, die sie erschaffen. Kunst ist Ausdruck, keine Pose. Das Beispiel soll nicht zum Klischee beitragen, leidende Künstler:innen wären die besseren Künstler:innen. Trotz der widrigsten Umstände entsteht Kunst, aber möchte das »Land der Dichter und Denker« wirklich die widrigsten Umstände als Arbeitsalltag für Künstler:innen akzeptieren?

Ich weiß: Kunst ist kein Luxus, den ich mir erlaube, sondern eine Notwendigkeit; Geld sollte nicht darüber bestimmen, was ich mache und doch entscheidet Geld über alles, und dies zu ignorieren, bedeutet die Realität zu leugnen.

Ich hatte immer geglaubt, es sei der Brotjob, der mich in Beschlag nimmt und am Schreiben hindert. Seit ich ein Kind habe, denke ich: Alles kann man ablegen, kündigen, ändern – das Elternsein hingegen fließt ein in jedes Handeln und bestimmt den Alltag und das Schreiben, wie keine bezahlte Arbeit es tut.

Juliane Ziese

DER EIGENTLICHE BROTJOB IST DIE ELTERNSCHAFT ODER WER BIN ICH DASS – EIN DENKVERSUCH

Nicht gesagt
Was von der Sonne zu sagen gewesen wäre
Und vom Blitz nicht das einzige Richtige
Geschweige denn von der Liebe.
Versuche. Gesuche. Mißlungen
Ungenaue Beschreibung

Marie Luise Kaschnitz

Ich sitze auf dem Fußboden unseres Schlafzimmers. Es ist kalt, der Boden ist hart und die Zeit dreht sich rückwärts. Ich klaube mir diese Minuten, vielleicht eine Stunde, immer auf der Hut und mit einem Ohr nach draußen. Wir sind im Urlaub, mein Freund, unser Sohn und ich. Und ich sitze im Urlaubsschlafzimmer auf dem Boden und schreibe, denn auch dieser Text ist ein Brotjob und will erledigt werden. Es gibt hier keinen Schreibtisch und am einzigen Tisch, dem Esstisch, sitzt meine Familie und puzzelt. Die Wände sind dünn. Ich höre sie lachen. Allein die Tatsache, dass es für die Thematik Brotjob und

Schreiben ein Publikum gibt und einen Verlag und Gelder, zeigt, wie gut es uns geht.

Zwischen meinen Festanstellungen als Untertitlerin und Übersetzerin, als Geschäftsstellenleiterin einer pädiatrischen Fachgesellschaft und als nicht festangestellte, sondern selbständige Spielentwicklerin und Lyrikvermittlerin blieb mir wenig Zeit zum Schreiben. Ich hatte immer geglaubt, es sei der Brotjob, der mich in Beschlag nimmt und am Schreiben hindert. Seit ich ein Kind habe, denke ich: Alles kann man ablegen, kündigen, ändern – das Elternsein hingegen fließt ein in jedes Handeln und bestimmt den Alltag und das Schreiben, wie keine bezahlte Arbeit es tut. Und die Mutterschaft, so wage ich zu behaupten, denn so sind meine Erfahrungen, mehr noch als die Vaterschaft.

Als ich, gerade 20 geworden, meinen ersten längeren Text am heimischen PC meiner Eltern ausdruckte – zwischen bestandenem Abi und dem Warten aufs Au-pair-Jahr –, las ich Hesse, versuchte Sofies Welt zu verstehen und hörte viel Musik. Ich war zwischen zwei Welten glücklich-unglücklich verliebt und die Vorstellung eines Lebens als einsam schreibende (und lebende) Dichterin passte gut in meine Stimmung. Ich hatte immer nebenbei geschrieben (Gedichte, Tagebuch, Unmengen an Briefen, kurze Geschichten), kümmerte mich aber später brav um mein Studium und anschließend um eine Arbeit in Festanstellung. Ich hatte die besten Voraussetzungen und war hoch motiviert. Trotzdem fiel ich nach dem Magisterabschluss erst einmal für einige Monate in den Hartz-IV-Topf, in dem es dunkel war und klebrig und schlecht roch. Ich wusste genau, was ich wollte: als Untertitlerin arbeiten. Die Stelle, die ich fand, lockte mich das Gehalt betreffend kein bisschen, aber ich hatte wirklich Lust zu arbeiten und endlich mein Wissen praktisch anzuwenden. 2005 fing ich also an, als Untertitlerin und Übersetzerin in einem Berliner Unternehmen zu arbeiten, das sich auf Untertitel für Film und Fernsehen spezialisiert hatte. Zuerst drei Monate als Praktikantin (weiterhin Hartz IV beziehend), gefolgt von einem Jahr als Volontärin (weiterhin mit Hartz IV aufstockend). Die darauf folgende Festanstellung in Vollzeit war, muss ich es noch erwähnen, unterirdisch schlecht bezahlt. Welcher Geist in dieser Firma herrschte, steht auf einem anderen Blatt geschrieben. Jedoch fragte ich mich schon damals, wie es sein kann, dass die Welt Chabrol, Truffaut, Arthus-Bertrand usw. – ich übersetzte aus dem Französischen – im Original mit Untertiteln (OmU) sehen will, aber kaum jemand für die Erstellung und das Konsumieren dieser Untertitel bezahlen möchte? Das Gleiche gilt für Theaterübertitelung. Es werden Expertise (hochqualifizierte Übersetzer:innen) und Technik (Programme, Geräte, Räume) benötigt, für die es Arbeitskraft und Investition bedarf, die jedoch kaum rentabel zu erwirtschaften sind (außer man bezahlt seine Mitarbeiter:innen so schlecht, wie es damals die Chefin der besagten Firma tat). Inhaltlich hat dieser Job mein literarisches Schreiben beeinflusst. Klar, wenn man den ganzen Tag Dialoge in Form von Filmszenen übersetzt und sie sich nochmal und nochmal anschaut, um den Untertitel nach den gängigen Regeln zwischen zwei Schnitte oder wahlweise über drei, vier oder fünf Schnitte zu setzen, dann fließt das natürlich auch ins eigene Schreiben ein. Da ich zusätzlich Untertitel für Hörgeschädigte anfertigte, also Geräusche und jegliche Information, die visuell nicht eindeutig erfassbar waren, beschrieb, schärfte das meinen Blick für den Unterschied zwischen hörender und tauber Wahrnehmung der Welt. Und auch das nahm Einfluss auf mein Schreiben. Atmosphäre und Bezahlung waren schlecht, aber ich habe die Arbeit geliebt und bin fast vier Jahre in der Firma geblieben. Auch wenn mir dieser Job weder zeitlich noch finanziell große Möglichkeiten zum Schreiben ließ. Die Früchte erntete ich später.

2010 kam ich über Zufälle zu einer für mich völlig fachfremden Tätigkeit in Teilzeit, die bei halber Stundenzahl das gleiche Gehalt brachte wie zuvor die Jahre in Vollzeit als Untertitlerin und Übersetzerin. Ist es zu fassen? Es war doppelt so gut bezahlt und noch dazu war das Arbeitsklima respektvoll und zugewandt. Ich leitete die Geschäftsstelle einer pädiatrischen Fachgesellschaft. Meine Stelle war die einzig bezahlte. Alle anderen arbeiteten ehrenamtlich (zusätzlich zu ihren 60-Stunden-Wochen). Im Sommer 2017 kündigte ich diesen Job, um endlich nur noch zu schreiben, tagein, tagaus, so hatte ich mir das vorgestellt. Das Geld, das ich über sieben Jahre angespart hatte, reichte, um ein ganzes Jahr – nicht üppig, aber doch unbeschwert – davon leben zu können. Es war ein Stipendium an mich selbst, wie eine Freundin es formulierte (zahlreiche Bewerbungen auf Künstler:innen- und Schriftsteller:innen-Stipendien, parallel eingereicht, waren fehlgeschlagen). Und die Formulierung der Freundin gefiel mir viel besser, als die meiner Familie, die meinte, ich sei verrückt und würde mein Erspartes verprassen. Das Gerücht von der brotlosen Kunst und die Angst vor einem unregelmäßigen Einkommen halten sich hartnäckig. Eine Festanstellung scheint in vielen Köpfen noch immer die Krönung und das erstrebenswerte und mit allen Mitteln zu erhaltende Ziel des Erwachsenenlebens zu sein.

Bis zum Jahresende 2017 war ich damit beschäftigt, meinen Bürojob gut abzuwickeln. Ich hatte die Arbeit gern gemacht und ich schätzte die Menschen, mit denen ich gearbeitet hatte. Es waren schöne, sichere und bereichernde Jahre gewesen. Nur hatte ich neben Familie und Job null Zeit zum Schreiben gefunden. Das sollte sich ab 1.1.2018 ändern. Dachte ich.

Um nicht vor dem buchstäblich weißen Blatt zu sitzen, begann ich mein »Sabbatjahr« mit einem konkreten Projekt, das mir schon länger im Kopf herumschwirrte: Ich entwarf ein Lyrik-Spiel. Ich dachte, das sei ein guter Weg, mich dem lang vernachlässigten Schreiben auf pragmatische Art und Weise zu nähern. Allerdings wurde es ein Selbstläufer, was die Arbeitsintensität betraf (nicht aber die finanziellen Einnahmen betreffend). Entwicklung, Produktion und Vermarktung nahmen so viel Zeit in Anspruch, dass ich wiederum kaum zum Schreiben fand. Arrgh! Es war eine Crux. Hinzu kam, dass ich irgendwie immer geglaubt hatte, der Brotjob halte mich vom Schreiben ab. Jetzt war ich selbstständig, nichts und niemand band mich an feste Arbeitszeiten. Mir wurde klar, dass Schreiben bzw. jegliche sich nicht auf Profit ausrichtende Arbeit eine Entscheidung ist. Eine Entscheidung für die Sache, die man tun will und eine Entscheidung für die Möglichkeit, finanziell keine großen Sprünge zu machen.

Wenn wir über die ökonomischen Widrigkeiten von Schreibenden (und von Kunstschaffenden allgemein) sprechen, denke ich, ist ein wesentlicher Unterschied, den wir dabei machen müssen, die Überlegung, ob wir von schreibenden Müttern und Vätern oder von schreibenden Menschen ohne Kinder sprechen. Und auch bei schreibenden Müttern und Vätern muss in den allermeisten Fällen noch einmal unterschieden werden – ein Thema hier: *Mental Load.* »Kein Tag im Büro ist so anstrengend wie mit Kleinkind zu Hause«, sagte eine Freundin und es ist nicht wichtig, ob hinter dem Büro eine Festanstellung steht oder eine Selbstständigkeit. Es geht darum, dass der eigentliche Brotjob die Elternschaft ist und er ist unbezahlt. Es ist nicht nur die aktive Zeit, die wir mit unseren Kindern verbringen und die kinderlosen Künstler:innen zusätzlich zur Verfügung steht, es ist auch die »passive« Zeit, die Müdigkeit, die Erschöpfung, die wir in unsere aktive Schreibzeit mit hineinschleppen. Kinderlos Kunst zu schaffen heißt, den Alltag an die kreativen Schaffensimpulse anzupassen. Künstler:innen mit Kind(ern) müssen ihre kreativen Schaffensimpulse an den Alltag anpassen, der neben einem bloßen Brotjob zusätzlich aus der Organisation und der Care-Arbeit um die Familie besteht. Vermutlich haben sich die meisten Kunstschaffenden, die ein Kind oder mehrere Kinder bekommen haben, bewusst dazu entschieden und es geht nicht darum, die Kinder wegzuorganisieren (worauf es aber bei vielen leider hinausläuft). Es geht darum, dass Möglichkeiten geschaffen werden, als Künstler:in mit Kind(ern) mit angemessener Ernsthaftigkeit und Intensität der künstlerischen Tätigkeit gegenüber arbeiten und Geld verdienen zu können. Durch zusätzliche finanzielle Unterstützung oder zum Beispiel durch Aufenthaltsstipendien, die sich speziell an Künstler:innen mit Kind(ern) richten.

Es müssen mehr Ausschreibungen – sei es für Stipendien oder Preise – geschaffen werden, die Künstler:innen mit Kind(ern) ausdrücklich einschließen. Das heißt Ausschreibungen, die sich auch an Bewerber:innen jenseits der 35 richten und die die familiären Lebensumstände berücksichtigen.

Was meines Erachtens nach die künstlerisch-kreativen Möglichkeiten in Deutschland zusätzlich stark bremst, sind die Kompliziertheit und der Umfang von Förderanträgen. Es ist nahezu unmöglich, Förderung zu beantragen, wenn man a) eine einzelne Person und keine Institution oder ein Verein ist und man b) diesen Antrag »nebenbei« machen will. Gefördert werden, so sagt es mir meine Beobachtung, Projekte, die bereits laufen und/oder hinter denen ein bekannter Name steht. Innovative, neue, vielleicht derzeit noch kleine Projekte werden kaum gefördert. Ihnen wird die Möglichkeit genommen, zu wachsen und ihr Potential zu zeigen. Hinzu kommt, dass die Entscheidungen über die Vergabe von Preisen und Stipendien, wie mir scheint, nicht selten fragwürdig sind. Richten sich diese stets nach dem künstlerischen Potential der eingereichten Arbeiten (wie es in den Ausschreibungstexten meist zu lesen ist) oder richten sie sich nicht vielmehr danach, Personen zu fördern, die bereits einen Namen haben und mit deren Namen sich die geldgebende Institution dann schmücken kann? Und wie sieht es mit den Jurys aus? Werden die Jurymitglieder so bezahlt, dass sich jedes Mitglied jede Bewerbungen anschauen kann? Oder werden die Bewerbungen im Vorfeld aufgeteilt, ist es also Glückssache, auf wessen Stapel man landet und wer über welche Arbeit entscheidet? Jedenfalls wird so die Literaturlandschaft nicht vielfältiger, sondern schwabbert im eigenen Saft, sie reproduziert sich.

Man könnte meinen, das alles ist Jammern auf hohem Niveau. Und hie und da ist es das auch. Immerhin sitze ich, während ich diesen Text schreibe, nicht auf dem eigenen Schlafzimmerboden, sondern auf dem eines Ferienhauses, kann mir also immerhin Urlaub leisten. Wahrscheinlich ist alles eine Frage der Definition: Was ist ein Brotjob? Und muss dieser immer unliebsam sein? Ist es nicht ein Luxus, dass wir Brotjobs haben und dass wir schreiben können? Was ist Schreiben? Ist echtes Schriftstellertum nur jenes, dessen Ergebnisse veröffentlicht werden? In *Brief an D.* von André Gorz sagt D. zu ihrem Mann: »Dein Leben ist Schreiben. Also schreib.« – Ist (literarisches) Schreiben, wie andere Kunstformen auch, eine bestimmte Art, das Leben festzuhalten? Schreiben passiert somit immer, auch im Nicht-Schreiben, es hat keine Arbeitszeiten, keinen Urlaub, keine Überstunden. Aber es braucht Zeit und einen freien Kopf, um aufzuschreiben.

Wenn wir unsere literarische Kulturlandschaft am Leben erhalten und ihr mehr Potential geben wollen, müssen wir außerdem frühzeitig den Wert des literarischen Schreibens vermitteln: in der schulischen Bildung. Dort muss das literarische bzw. kreative Schreiben stärker gefördert werden. Und literarisches Schreiben muss den Stellenwert bekommen, den Mathematik, Sport und Biologie längst haben. Schriftsteller:in zu sein, das ist ein Beruf wie Ingenieur:in, Bäcker:in und Astronaut:in. Es ist Arbeit. Und wenn die schulischen und das Studium betreffenden Möglichkeiten ernst genommen und vielfältig gestaltet werden, kann auch die literarische Landschaft gestärkt und divers werden. Es geht nicht darum, Individuen das schöne Schreiben zu ermöglichen. Es geht darum, dass das künstlerische Schaffen als Beruf wahrgenommen, geschätzt und ermöglicht wird. Weil Kunst wichtig ist für eine Gesellschaft. Dazu gehört auch die Möglichkeit der Wahl des Studienortes. Auch sie sollte divers sein und sich nicht auf zwei oder drei Institutionen beschränken. In den Schulen muss das Spiel mit Sprache einen festen Platz finden, muss der Grundstein für ein (literarisches) Sprachgefühl gelegt werden. Das passiert nicht, indem die Kinder angehalten werden, Gedichte auswendig zu lernen (noch dazu jahrzehnte-, jahrhundertealte). Das passiert, indem sie angeregt werden, selbst zu schreiben und mit Spaß und Lust an Lyrik und Prosa herangeführt werden, so dass einige von ihnen ohne Umwege und Hindernisse frühzeitig und selbstbewusst ins literarische Schreiben finden und auf einen Brotjob, im besten Fall, gar nicht angewiesen sind. Weil ihr Brotjob dann das Schreiben ist.

KURZBIOGRAPHIEN

Iuditha Balint, geb. 1976 in Sighişoara, Rumänien, ist Literatur- und Kulturwissenschaftlerin und Direktorin des Fritz-Hüser-Instituts für Literatur und Kultur der Arbeitswelt in Dortmund. Zu ihren Forschungsschwerpunkten gehören u. a. die Literarische Ökonomik (Arbeit, Geld, Finanzkrisen), Metapherntheorien, Begriffsgeschichte und historische Semantik. Jüngste Herausgeberschaft im Verbrecher Verlag: *Arbeit am Text* (2020).

Philipp Böhm, geb. 1988 in Ludwigshafen, lebt in Berlin. Sein Debütroman *Schellenmann* erschien 2019 im Verbrecher Verlag, 2020 die Erzählung *Sterben mit den Philistern* bei SuKuLTur. Im selben Jahr erhielt er den Hauptpreis der Wuppertaler Literatur Biennale. Er ist Redaktionsmitglied der *metamorphosen*, schreibt für die *Jungle World* und arbeitet für das Literaturhaus Lettrétage.

Crauss., geb. 1971, lebt in Siegen, ist Dichter und Kulturpädagoge. Er wurde Mitte der 1990er Jahre durch neue Verfahren einer Videoclip-Ästhetik in der Lyrik einem breiteren Publikum bekannt. Seine Dichtung wurde mit wichtigen Stipendien gefördert, mit Literaturpreisen ausgezeichnet und in mehr als zehn Sprachen übersetzt.

Julia Dathe, geb. 1980 in Leipzig, wo sie mit ihrer Familie lebt. Sie studierte am Deutschen Literaturinstitut Leipzig, arbeitet als Grundschullehrerin, schreibt Lyrik und Prosa. 2017 erschien ihr Gedichtband *I* im ELIF VERLAG.

Dominik Dombrowski, geb. 1964 in Waco, Texas. Lebt in Bonn. Studium der Philosophie und Literaturwissenschaften. Bislang erschienen die Lyrikbände *Finissage*, *Fremdbestäubung*, *Fermaten* und *Ich sage mir nichts* sowie die Erzählung *Künstliche Tölpel*. Er wurde mit diversen Preisen und Stipendien ausgezeichnet, zuletzt mit dem Literaturstipendium der Villa Rosenthal in Jena.

Özlem Özgül Dündar, geb. 1983 in Solingen. Studium der Literatur und Philosophie in Wuppertal und am Deutschen Literaturinstitut Leipzig. Ihr Lyrikdebüt *gedanken zerren* erschien 2018 beim ELIF VERLAG. Sie ist Mitherausgeberin von *Flexen. Flâneusen* schreiben Städte* (Verbrecher Verlag 2019). *türken, feuer* wurde als Hörspiel des Jahres 2020 ausgezeichnet.

Dinçer Güçyeter, geb. 1979 in Nettetal, ist Lyriker, Verleger, Regisseur und Schauspieler. 2011 gründete er den ELIF VERLAG mit poetischen Positionen, die das Feld vom Rand her aufrollen. 2017 erschien sein Gedichtband *Aus Glut geschnitzt*, im Sommer 2021 *Mein Prinz, ich bin das Ghetto.*

Johanna Hansen, geb. 1955 am Niederrhein, lebt als Autorin und Malerin in Düsseldorf. Seit 1993 zahlreiche Ausstellungen, seit 2008 literarische Veröffentlichungen in Zeitschriften und Anthologien. Sie ist Mitherausgeberin der Literaturzeitschrift *WORTSCHAU*. 2020 erschien ihr Gedichtband *zugluft der stille / schneeminiaturen* in der edition offenes feld.

Adrian Kasnitz, geb. 1974 an der Ostsee, aufgewachsen in den westfälischen Bergen, lebt als Schriftsteller, Übersetzer und Verleger der parasitenpresse in Köln. Zuletzt erschienen von ihm die Gedichtbände *Kalendarium #1* bis *#7* (2015–2021) sowie der Roman *Bessermann* (2017). Im Jahr 2020 wurde er mit dem Dieter-Wellershoff-Stipendium ausgezeichnet.

Ulrich Koch, geb. 1966 in Winsen (Luhe), lebt in Lüneburg, arbeitet als Geschäftsführer einer Personalagentur in Hamburg. Seine jüngsten Gedichtbände: *Selbst in hoher Auflösung* (2017), *Dies ist nur der Auszug aus einem viel kürzeren Text* (2021), erschienen im Jung und Jung Verlag.

Thorsten Krämer, geb. 1971 in Wuppertal, lebt dort als freier Autor und Gestalttherapeut. Diverse Veröffentlichungen (Prosa und Lyrik), zuletzt *Schwankungen der Füllhöhe. Gedichte 1995–2018* (ELIF VERLAG 2020).

Stan Lafleur, geb. 1968 in Karlsruhe, lebt in Köln. Bislang erschienen 18 Einzeltitel sowie ungezählte sonstige Publikationen.

Isabelle Lehn, geb. 1979 in Bonn, lebt in Leipzig. Sie wurde 2011 im Fach Rhetorik promoviert, studierte am Deutschen Literaturinstitut Leipzig, wo sie von 2013 bis 2017 als wissenschaftliche Mitarbeiterin beschäftigt war und heute regelmäßig als Gastdozentin tätig ist. 2016 erschien ihr Debütroman *Binde zwei Vögel zusammen* (Eichborn), 2019 *Frühlingserwachen* (S. Fischer).

Swantje Lichtenstein, geb. 1970 in Tübingen, lebt in Düsseldorf und Berlin. Künstlerin, Poetin, Performerin, Übersetzerin, Publizistin, Professorin. Ihr Hauptinteresse gilt den Grenzbereichen zwischen Poetik, Performance, Text, Sound und Theorie. Wichtige Grundlagen bieten essayistische, elektro-akustische, performative und konzeptuelle Praktiken sowie Aufzeichnungsweisen aus einer transmedialen, queeren, intersektionalen und feministischen Perspektive.

Kathrin Schadt, geb. 1979 in Stuttgart, studierte am Deutschen Literaturinstitut Leipzig, schreibt Sachbücher, journalistische und literarische Texte, lebt in Berlin und Barcelona. Zuletzt erschienen von ihr herausgegeben *POEDU. Poesie von Kindern für Kinder* (ELIF VERLAG 2021) und *Greta klebt da* (Bübül Verlag 2021). Franz-Edelmaier-Residenz für Literatur und Menschenrechte 2022, Meran.

Sabine Schiffner, geb. 1965 in Bremen, lebt in Köln. Studium der Theaterwissenschaften, Germanistik, pädagogischen Psychologie. Sie veröffentlicht Gedichte, Hörspiele und Romane. Für Ihre Bücher hat sie diverse Preise und Stipendien erhalten, u. a. die Ehrengabe der Deutschen Schillerstiftung (2013) und das Atelier-Galata-Stipendium der Stadt Köln (2021).

Sabine Scho, geb. 1970 in Ochtrup, lebte von 2006 bis 2014 in São Paulo, heute in Berlin. Ihre Texte sind im Grenzbereich zu Fotografie, Zeichnung und Bild angesiedelt. Zuletzt erschienen: *Tiere in Architektur* (kookbooks 2013), *The Origin of Senses* (Museum für Naturkunde Berlin 2015). *Haus für einen Boxer / Casa per un Pugile / House for a Boxer* (Hatje Cantz 2021). Gastprofessorin am Deutschen Literaturinstitut Leipzig 2018/19. Zuletzt wurde sie mit dem Deutschen Preis für Nature Writing und dem Rompreis der Deutschen Akademie Rom Villa Massimo ausgezeichnet.

Michael Schweßinger, geb. 1977 im fränkischen Waischenfeld, lebt nach zahlreichen Reisen durch Europa, Asien und Afrika momentan in Zeitz. Gründungsmitglied der Leipziger Lesebühne Schkeuditzer Kreuz. Daneben schreibt er hin und wieder für diverse Zeitungen und Magazine. Aktuelles Buch: *In Buxtehude ist noch Platz* (Edition Outbird 2019).

Daniela Seel, geb. 1974 in Frankfurt am Main, lebt als Dichterin und Verlegerin von kookbooks mit ihrer Familie in Berlin. Sie moderiert, lektoriert, veranstaltet, juriert, unterrichtet Sprachkunst an der Universität für angewandte Kunst Wien und übersetzt, zuletzt etwa Robert Macfarlane (*Die verlorenen Wörter*, 2018). Sie veröffentlichte die Gedichtbände *ich kann diese stelle nicht wiederfinden* (2011), *was weißt du schon von prärie* (2015) und *Auszug aus Eden* (2019). Für ihre Arbeiten wurde sie vielfach ausgezeichnet, ihre Gedichte wurden in mehrere Sprachen übersetzt.

Janna Steenfatt, geb. 1982 in Hamburg, lebt in Leipzig, wo sie ein Studium am Deutschen Literaturinstitut absolviert hat. 2020 erschien ihr erster Roman *Die Überflüssigkeit der Dinge* bei Hoffmann und Campe.

Karosh Taha, geb. 1987 in der kurdischen Stadt Zaxo, lebt und schreibt im Ruhrgebiet. Ihr Debütroman *Beschreibung einer Krabbenwanderung* erschien 2018, ihr zweiter Roman *Im Bauch der Königin* im April 2020, beide bei DuMont. Für ihre Texte erhielt sie mehrere Stipendien und Preise, zuletzt die Alfred Döblin-Medaille 2021.

Christoph Wenzel, geb. 1979 in Hamm, lebt als Autor, Herausgeber, Redakteur und Universitätsangestellter in Aachen. Er schreibt Lyrik und Essays, zuletzt erschien der Gedichtband *lidschluss* (Edition Korrespondenzen 2015). Für seine Gedichte erhielt er verschiedene Auszeichnungen, u. a. den Alfred-Gruber-Preis beim Lyrikpreis Meran, das Rolf-Dieter-Brinkmann-Stipendium sowie den Dresdner Lyrikpreis.

Juliane Ziese, geb. 1980 in Ostberlin, lebt und arbeitet als freie Autorin und Übersetzerin in Berlin. 2018 hat sie die EDITION LYRIGMA gegründet, die Gedichte-Manufaktur LYRIGMA® sowie das POEDU-Gedichte-Quartett entwickelt und produziert. Sie gibt Lyrik-Workshops für Kinder und Erwachsene, war 2019 mit der Gedichte-Manufaktur auf dem Lyrikmarkt des Poesiefestivals Berlin vertreten und 2020 zur Lyrikbuchhandlung der Leipziger Buchmesse eingeladen.

VERBRECHER VERLAG

Ιuditha Balint (Hg.)

ARBEIT AM TEXT

Poetikvorlesungen von Jörg Albrecht, Jonas Lüscher, Kathrin Passig und ein Interview mit Rainer Komers

Broschur
144 Seiten
18 €

ISBN 978-3-95732-430-6

Die deutschsprachige Literatur interessiert sich nicht für die Arbeitswelt. So heißt es jedenfalls vielfach in der Literaturwissenschaft und Literaturkritik, die regelmäßig die Abwesenheit von Arbeit in der deutschsprachigen Literatur beklagen. Vor diesem Hintergrund mag es überraschen, dass seit den 1970er Jahren immer mehr Untersuchungen zu diesem Themenfeld publiziert werden – und es drängt sich die Vermutung auf, dass die Rede von der Abwesenheit von Arbeit in der neueren deutschsprachigen Literatur mit herkömmlichen Vorstellungen darüber zusammenhängen könnte, was Arbeit ist und wie literarische Darstellungen von Arbeit beschaffen sein sollten; Vorstellungen, die auf Reminiszenzen an körperliche, industrielle Schwerstarbeit aufbauen, die in der Regel männlich konnotiert ist und die gerade in der zeitgenössischen Literatur durch andere Formen von Arbeit ergänzt wird: Schriftstellerische, künstlerische, unternehmerische oder auch emotionale, ästhetische und Care-Arbeit gehören dazu.

Auf die Frage, wie sie es mit ihrer und der Arbeit allgemein halten, haben Jörg Albrecht, Jonas Lüscher, Kathrin Passig und Rainer Komers in diesem Band mit Poetikvorlesungen und in Interviews geantwortet.

Verbrecher Verlag | Gneisenaustraße 2a | 10961 Berlin | info@verbrecherei.de
www.verbrecherei.de

VERBRECHER VERLAG

Özlem Özgül Dündar /
Ronya Othmann /
Mia Göhring / Lea Sauer

FLEXEN
Flâneusen* Schreiben Städte

Broschur
272 Seiten
18 €

ISBN 978-3-95732-406-1

Flex|en, das, – kein Pl.: 1. trennschleifen 2. biegen 3. Sex haben 4. das Variieren der Geschwindigkeit beim Rap 5. die Muskeln anspannen 6. seine Muskeln zur Schau stellen 7. Flâneuserie

In 30 verschiedenen Texten mit 30 verschiedenen Perspektiven auf Städte, alle geschrieben und erlebt von Frauen*, PoC oder queeren Menschen. Texte, die beweisen, dass das Flexen, die Flâneuserie endlich ernst genommen werden muss. Die Figuren in der Anthologie streifen durch Berlin, Paris, Jakarta, Istanbul und Mumbai. Sie erzählen uns u.a. davon, wie eine Frau mit Kinderwagen die Großstadt erlebt, eine Frau eine Großdemonstration in Dresden miterlebt, wie Flanieren in Indien schon Aktivismus bedeutet, wie sich die Geschichte in den Ort einschreibt und manchmal wird die Stadt sogar selbst zur Figur.

Mit Beiträgen von Özlem Özgül Dündar, Mia Göhring, Ronya Othmann, Lea Sauer, Mirjam Aggeler, Luna Ali, Leyla Bektaş, Nadire Y. Biskin, Sandra Burkhardt, Judith Coffey, Katia Sophia Ditzler, Kamala Dubrovnik, Simoné Goldschmidt-Lechner, Svenja Gräfen, Dinçer Güçyeter, Anna Hetzer, Halina M. Jordan, Julia Lauter, Anneke Lubkowitz, Cornelia Manikowsky, Deniz Ohde, Karin Peschka, Svenja Reiner, Andra Schwarz, Leona Stahlmann, Gerhild Steinbuch, Anke Stelling, Katharina Sucker, Sibylla Vričić Hausmann, Bettina Wilpert und einem Inter view mit Lauren Elkin.

Verbrecher Verlag | Gneisenaustraße 2a | 10961 Berlin | info@verbrecherei.de
www.verbrecherei.de

VERBRECHER VERLAG

Asja Bakić

MARS

Erzählungen

160 Seiten
Hardcover
20 €

ISBN 978-3-95732-474-0

In »Mars« zeigt Asja Bakić eine Reihe einzigartiger Universen, in deren Mittelpunkt Frauen stehen, die vor die Aufgabe gestellt sind, der seltsamen Realität, die sie erleben, einen Sinn zu geben. Eine Frau wird von Tristessa und Zubrovka aus einer Art Vorhölle befreit, sobald sie eine Aufgabe erfüllt. Eine Meisterin der Täuschung wird mit jemandem konfrontiert, der ihr Geheimnis kennt. Eine Schriftstellerin soll einen Bestseller unter Pseudonym geschrieben haben, woran sie sich jedoch nicht erinnern kann. Abby scheint ihr Gedächtnis verloren zu haben, und doch weiß sie, dass mit ihrem misstrauischen Ehemann etwas nicht stimmt. Eine weitere muss auf dem Mars über ihr Verbrechen reflektieren, Autorin zu sein.

Nicht nur das inhaltliche Konzept der Erzählungen ist beeindruckend, sondern auch die Methode: Gekonnt verwebt sie in das klassische Erzählmuster Elemente aus der Genre-Literatur – Horror, Science-Fiction und Fantasy. Entstanden sind so spannende, oft humorvolle Geschichten, die emanzipierend sind, ohne in politische Agitation zu verfallen. Publishers Weekly kürte die amerikanische Ausgabe von »Mars« 2019 zu einem der 25 besten Büchern des Jahres in den USA der Kategorie Belletristik.

»Auf jeder Seite merkt man, wie sehr Bakić es liebt, die Lesenden in die Irre zu führen. ›Mars‹ ist ein feiner, kleiner, fieser Band voller böser Kurzgeschichten, die einmal das Gehirn durchspülen.« (Ava Weis / Missy Magazine)

Verbrecher Verlag | Gneisenaustraße 2a | 10961 Berlin | info@verbrecherei.de

www.verbrecherei.de

VERBRECHER VERLAG

Anke Stelling

GRUNDLAGENFORSCHUNG

Erzählungen

192 Seiten
Hardcover
20 €

ISBN 978-3-95732-447-4

Schnell gehen sie vorbei, die Sekunden der Erkenntnis. Sie müssen festgehalten werden! Oder erst erzeugt anhand von Figuren, Beziehungen, außerordentlichen Begebenheiten. Das Leben ist undurchsichtig und erzählenswert. Und es gilt, in diesem Leben vorzukommen, zwischen all den Wünschen und Enttäuschungen, den gesellschaftlichen Normen und alltäglichen Herausforderungen. Wer bin ich denn hier überhaupt? Wer könnte ich sein?

Die nervöse Zwanzigjährige, die hofft, dass ihr Freund anruft. Die hoffnungsvolle Dreißigjährige, die glaubt, dass bei ihr alles anders wird. Anders zumindest als bei der ätzenden Ex, die doch hätte wissen müssen, dass Kinderkriegen auch keinen Ausweg darstellt. Oder bin ich vielleicht sogar die? Es ist gut, ein paar Erzählungen als Wegweiser zu haben. Für jetzt – und für später. Sag nicht, du hättest's nicht gewusst! Hier steht's doch, schwarz auf weiß, und Spaß macht es auch noch.

In diesem Erzählungsband vermag man sämtliche Motive, Themen, ja geradezu die gesamte literarische Welt Anke Stellings zu entdecken – und diese Erforschung ist nicht nur für Stelling-Fans faszinierend.

»Stellings Erzählungen künden in lakonischem Stil von der großen Desillusionierung, sie entzaubern die Träume der kreativen Lebenskünstler ebenso wie die Glücksvorstellungen gesetzter Bürgerlichkeit.« (Deutschlandfunk)

VERBRECHER VERLAG

Enno Stahl

DISKURSDISKO

Über Literatur und Gesellschaft

Broschur
176 Seiten
18 €

ISBN 978-3-95732-429-0

Seit Menschen sich in literarischer Form äußern, wird auch das Verhältnis von Literatur und Gesellschaft erörtert, also die Frage nach dem Resonanzraum, in dem Literatur stattfindet und den sie über das Medium Sprache und zumeist auch über ihre Darstellungsmotive zwangsläufig in irgendeiner Weise interpretiert. Gibt es eine Verpflichtung, dass Literatur sich kritisch auf die Gesellschaft bezieht? Oder muss die Literatur frei sein von allen Ansprüchen, die von außen an sie gerichtet werden? Diese Frage wurde je nach historischer Phase unterschiedlich beantwortet. Aktuell scheinen die Deutsche Literatur und alle, die mit ihr umgehen, nicht allzu sehr mit der sie umgebenden Wirklichkeit befasst – das war die Diagnose, die Enno Stahl in seinem Band »Diskurspogo« (Verbrecher Verlag 2013) stellte.

Auch heute hat sich daran nichts geändert – im neuen Band »Diskursdisko« arbeitet Stahl sein Gegenkonzept eines analytischen Realismus weiter aus und nimmt verschiedene Bereiche des Betriebs, die Rolle des Autors bzw. einige literarische Subgenres kritisch in den Blick. Außerdem schaut er in die Geschichte und analysiert subversive Schreibentwürfe aus der Zeit nach dem Ersten Weltkrieg.